Linie 1 *Beruf*

B2

Deutsch für Berufssprachkurse

Intensivtrainer

Ulrike Moritz
Margret Rodi
Lutz Rohrmann

Ernst Klett Sprachen

Stuttgart

Von
Ulrike Moritz
Margret Rodi
Lutz Rohrmann

Projektleitung: Annalisa Scarpa-Diewald
Redaktion: Carola Jeschke, Annalisa Scarpa-Diewald
Layoutkonzeption: Britta Petermeyer, Snow, München und Nürnberg
Illustrationen: Hans-Jürgen Feldhaus, Feldhaus Text & Grafik, Münster
Satz: Franzis print & media GmbH, München und Druckhaus Schmid, Jesenwang
Umschlagsgestaltung: Studio Schübel, München
Titelbild: © Monkey Business – shutterstock.com und RobinE – shutterstock.com

Informationen und zu diesem Titel passende Produkte finden Sie auf:
www.klett-sprachen.de/linie1beruf

1. Auflage   1 ⁶ ⁵ ⁴ | 2027 26 25

© Ernst Klett Sprachen GmbH, Rotebühlstraße 77, 70178 Stuttgart, 2022
www.klett-sprachen.de

Druck und Bindung: DRUCKEREI PLENK GmbH & Co. KG, Berchtesgaden

ISBN 978-3-12-607224-3

MIX
Papier | Fördert
gute Waldnutzung
FSC® C005370

Inhalt

1 Hier arbeite ich.

nach 1

1 Arbeitsräume

das Büroregal, die Büroregale
....
....
....
....
....
....
....

a Bilden Sie Nomen zum Thema *Arbeitsplatz.*
Notieren Sie sie mit Artikel und Plural.

~~Bü~~ Kaf	ei er	ma	ze	ne
Hock Ar	zeug beits	an	ten	ge
Kli Bild	schirm ~~ro~~	mer kas	schi	
Schutz Putz	ter ma	~~re~~	la	
Lei Werk	helm fee	schür	~~gal~~	

b Ergänzen Sie die Sätze mit Nomen aus 1a.

1. Auf der Baustelle trage ich immer einen *Schutzhelm* ....

2. Um die Deckenlampe zu installieren, brauche ich eine ....

3. Ohne die .... wäre es im Sommer im Büro viel zu heiß.

4. Wenn ich an der Werkbank mit Holz arbeite, trage ich eine ....

5. Ich möchte den Boden in der Kaffeeküche saubermachen. Hast du irgendwo den

   .... gesehen?

6. Ich sehe nichts, der .... ist schwarz. Ist er schon wieder kaputt?

7. Ich brauche einen Hammer. Weißt du, wo der .... ist?

nach 2

2 Unsere neuen Arbeitsräume

a Ergänzen Sie die Verben.

abschleifen   anmelden   einziehen   kontaktieren   packen

planen   renovieren   stellen   streichen   ~~unterschreiben~~

Endlich! Gestern haben wir den Mietvertrag für unser neues Büro

(1) *unterschrieben* ....! Anfang nächsten Monats können wir

(2) .... Aber vorher gibt es noch viel zu tun:

Wir müssen die Räume ein bisschen (3) .... ,

also die Wände (4) .... und die Böden

(5) .... lassen. Außerdem müssen wir den Umzug (6) ....

Ein Umzugsunternehmen haben wir schon (7) .... , und dann müssen die Kartons

(8) .... werden. Außerdem müssen wir uns unter der neuen Adresse

(9) .... und einen Nachsendeantrag (10) .... , damit unsere

Post an die richtige Adresse kommt.

b **Wiederholung:** *lassen* – Schreiben Sie Sätze mit *lassen* wie im Beispiel.

1. Ich wasche die Wäsche selbst. Du *lässt die Wäsche waschen.*

2. Du renovierst das Büro. Maik

3. Er putzt seine Werkstatt immer selbst. Wir

4. Wir schließen die Lampen an. Ihr

5. Ihr schleift die Böden selbst ab. Unsere Nachbarn

6. Mein Freund bügelt die Hemden selbst. Ich

nach 3

3 Der Umzug – Was ist richtig? Markieren Sie.

1. Ich würde gern ein Angebot einholen / abholen.

2. Haben Sie beim Preis noch etwas Spielraum / Spielplatz?

3. An welchem Termin wollen Sie ziehen / umziehen?

4. Können Sie die alten Regale versorgen / entsorgen?

5. Möchten Sie die Möbel selbst abbauen / anbauen?

6. Wir können Ihnen beim Termin entgegenkommen / vorkommen.

nach 4

4 Angaben im Satz

a **Wiederholung:** Zeit und Ort – Ergänzen Sie die fehlenden Ausdrücke an der richtigen Stelle.

1. Wir haben *monatelang* Arbeitsräume *im Internet* gesucht.

   (im Internet / monatelang)

2. Wir haben den Mietvertrag .... unterschrieben.

   (in den neuen Räumen / vorige Woche)

3. Ich habe .... die Kaution .... eingezahlt.

   (auf der Bank / gestern)

4. Meine Kollegin hat ihre Sachen .... gebracht.

   (in die neuen Räume / schon am Montag)

5. Ich werde .... umziehen.

   (nächste Woche / in das Büro)

b **Schreiben Sie die Sätze aus 4a noch einmal und beginnen Sie sie jeweils mit der Zeitangabe.**

   Monatelang haben wir Arbeitsräume im Internet gesucht.

c Grund und Art und Weise – Schreiben Sie die Sätze. Beginnen Sie mit dem Subjekt.

1. ich / trotz des schlechten Wetters / zur Arbeit fahren / mit dem Fahrrad / .

   Ich fahre trotz des schlechten Wetters mit dem Fahrrad zur Arbeit.

2. schwer / eine Werkstatt finden / er / aufgrund der hohen Mietpreise / .

   ....

3. leider / kein WLAN haben / wir / wegen unseres Umzugs / .

   ....

4. trotz vieler Bemühungen / nicht sofort / ein Umzugsunternehmen finden / wir / .

   ....

5. mithilfe von Freunden / er / wegen des Zeitdrucks / den Umzug organisieren / .

   ....

d Bestimmen Sie die Angaben und schreiben Sie sie in die Tabelle. Erweitern Sie dann die Sätze.

1. Ich möchte umziehen. (nach München / mit meiner Tochter / wegen der Arbeit / bald)
2. Wir haben eine neue Wohnung bekommen. (direkt am Park / trotz der großen Nachfrage / durch Beziehungen / letzte Woche)
3. Als Studentin habe ich mit vier anderen Studentinnen zusammengewohnt. (wegen der netten Gemeinschaft / fünf Jahre lang)
4. Meine Freundin möchte nach Kreuzberg ziehen. (so früh wie möglich / in eine kleine Wohnung / allein)
5. Sven will umziehen. (nächstes Jahr / ganz schnell / wegen seiner neuen Freundin / nach Schweden)

	Zeit	Grund/Gegengrund	Art und Weise	Ort
1.	bald	wegen der Arbeit	mit meiner Tochter	nach München
2.				
3.				
4.				
5.				

1. Ich möchte bald wegen der Arbeit mit meiner Tochter nach München umziehen.

nach 5

5 Wiederholung: Passiv mit Modalverben – Was muss gemacht werden?

Ordnen Sie zu und schreiben Sie Sätze wie im Beispiel. Es gibt mehrere Möglichkeiten.

die Fenstergriffe austauschen

den Hausmeister benachrichtigen

den Klempner rufen   reinigen

~~reparieren~~   überprüfen

1. Der Rollladen ist kaputt.

   Er muss repariert werden.

2. Der Wasserhahn tropft.

   ....

3. Die Heizung funktioniert nicht.

   ....

4. Der Abfluss ist verstopft.

   ....

5. Die Sprechanlage ist defekt.

   ....

6. Das Fenster schließt nicht richtig.

   ....

nach 6

6 Eine E-Mail an die Hausverwaltung – Ergänzen Sie.

Sehr geehrter Herr Schmidt,

wie ich Ihnen heute Morgen schon telefonisch mitge_____ habe, funktioniert uns_____ Heizung

nicht, obw_____ der Techniker s___ letzte Woche überp_____ hat. Draußen betr_____ die Tempera-

tur zurz_____ zwischen 0 und 5 Gr___ und in d___ Räumen kommen w___ nur auf 15 od___

16 Grad und fri_____ hier ständig. Des_____ bitte ich S___ hiermit dringend, d___ Heizung so

sch_____ wie möglich no___ einmal kontrollieren zu las_____. Falls die Hei_____ auch nächste

Wo_____ nicht funktioniert, we_____ ich ab d___ kommenden Monat d___ Miete um 20 % kür_____.

Wir sind täg_____ ab 17 Uhr zu Ha_____. Bei Rückfragen errei_____ Sie mich ab___ auch jederzeit

üb___ mein Handy.

Mit freundlichen Grüßen

Henry Burmester

Ihr Wortschatz

Nomen

der Abfluss, ̈-e ....

der Altbau, -ten ....

der Besichtigungs-
termin, -e ....

die Einbauküche, -n ....

der Fahrstuhl, ̈-e ....

der Fenstergriff, -e ....

der Fixpreis, -e ....

die Fliese, -n ....

der Fliesenleger, – ....

die Fliesenlegerin, -nen ....

der Grundriss, -e ....

die Hausverwaltung, -en ....

der Internet-
anschluss, ̈-e ....

die Kaution, -en ....

die Leitung, -en ....

der Nachsendeantrag, ̈-e ....

das Parkett, -e/-s ....

der Rollladen, ̈ ....

die Schublade, -en ....

der Schutzhelm, -e ....

der Sekt (Sg.) ....

die Spedition, -en ....

das Stockwerk, -e ....

das Telefonat, -e ....

die Umzugsfirma, -en ....

der Umzugskarton, -s ....

die Unterlagen (Pl.) ....

die Verkehrs-
anbindung, -en ....

der Vorort, -e ....

die Werkstatt, ̈-en ....

die Zusage, -en ....

Verben

abbrechen ....

abschleifen ....

anstoßen ....

beauftragen (mit + A.) ....

beheben ....

besorgen ....

sich beziehen (auf + A.) ....

jemandem
entgegenkommen ....

klemmen ....

kontaktieren ....

schildern ....

streichen ....

tropfen ....

(sich) ummelden ....

vereinbaren (mit + D.) ....

jemanden verständigen ....

Adjektive

dicht ....

einig (sich einig sein) ....

geräumig ....

spontan ....

Andere Wörter und Ausdrücke

aufgrund (+ G.) ....

bei Bedarf ....

im Voraus ....

nochmals ....

7 Notieren Sie passende Nomen aus „Ihr Wortschatz". Ergänzen Sie weitere Wörter.

1. der Umzug: *der Besichtigungstermin,* ....

....

....

2. Das kann man reparieren: ....

....

....

8 Ergänzen Sie die Sätze mit Verben aus „Ihr Wortschatz" in der richtigen Form.

Wir haben neue Arbeitsräume! Gestern habe ich die Umzugsfirma (1) ....

Wir haben einen Termin für nächste Woche (2) .... Bevor wir einziehen kön-

nen, müssen wir die Böden noch (3) .... lassen und die Wände

(4) .... Ich habe schon Farbe (5) .... Außerdem

gibt es in der Kaffeeküche noch zwei Probleme: Der Wasserhahn (6) .... und

das Fenster (7) .... ein bisschen. Aber diese Mängel will die Hausverwaltung

noch vor unserem Einzug (8) .... lassen.

9 Für Ihren Alltag – Schreiben Sie in Ihrer Sprache.

Könnten Sie mir bitte ein Angebot schicken? ....

Sind Sie bezüglich des Termins flexibel? ....

Das mache ich nicht selbst. ....

Das lasse ich einen Handwerker machen. ....

Die Zentralheizung funktioniert nicht. ....

Die Heizung muss repariert werden. ....

Können Sie bitte dem Hausmeister Bescheid sagen? ....

Ich beziehe mich auf unser heutiges Telefongespräch. ....

Wir hatten vereinbart, dass ... .

Ich bitte Sie dringend darum, ...

10 Ihre Wörter und Sätze – Schreiben Sie.

Ihre Sprache: Deutsch:

....

....

....

....

11 Ihr Text – Wo möchten Sie gerne arbeiten? Wie sehen die Räume aus? Was gibt es darin? Schreiben Sie in Ihr Heft.

Ich würde gerne in einem großen, hellen Büro arbeiten. Wichtig ist, dass es viele
Pflanzen gibt und ...

2 Mein eigener Laden

nach 2

1 Welche Wörter passen zu den Erklärungen? Schreiben Sie sie mit Artikel und Pluralform.

SCHICHT   ABEND   ~~ZEIT~~   ÖFFNUNGS   SPÄT

ZEIT   DIENST   FRÜH   ÜBER   SCHICHT

STUNDE   ~~VOLL~~   SCHICHT   GLEIT   FEIER

NACHT   ZEIT   TEIL   ZEIT   SCHICHT

1. Man arbeitet 35 Stunden in der Woche oder mehr.   _die Vollzeit (Sg.)_

2. Man arbeitet z.B. 20 Stunden in der Woche.   ....

3. Man hat flexible Arbeitszeiten.   ....

4. Man arbeitet länger, als es im Vertrag steht.   ....

5. Man arbeitet z.B. mal von 6 bis 14 Uhr und mal von 14 bis 22 Uhr.   ....

6. Man hat eine Arbeitszeit von 6 bis 14 Uhr.   ....

7. Man hat eine Arbeitszeit von 14 bis 22 Uhr.   ....

8. Man hat eine Arbeitszeit von 22 bis 6 Uhr.   ....

9. Die Zeit nach der Arbeit, die man für sich selbst hat.   ....

10. Die Zeit, in der z.B. ein Geschäft offen ist.   ....

2 Ergänzen Sie den Text.

~~Besorgungen~~   Arbeitszeiten   hetzen   rund um die Uhr

Warenangebot   ein offenes Ohr   Durst   Besitzer

Auswahl   freiberuflich   Zuhause   Hunger

Bei mir um die Ecke gibt es einen Kiosk, in dem ich fast alle meine

(1) _Besorgungen_ .... mache. Er hat ein großes

(2) ...., fast wie ein Supermarkt.

Die (3) .... ist wirklich

außergewöhnlich, dabei ist der Laden gar nicht groß. Und das tollste ist, mein Kiosk ist

(4) .... geöffnet. Ich bin (5) .... tätig,

arbeite meistens von (6) .... aus und habe ungewöhnliche

(7) ...., denn manchmal arbeite ich bis 24 Uhr und möchte nicht

zwischendrin zum Supermarkt (8) .... Dann bekomme ich um

Mitternacht (9) .... und (10) ....,

aber der Kühlschrank ist leer. Kein Problem. Mein Späti freut sich auf mich. Mit dem

(11) ...., er heißt Onno, kann ich auch noch ein bisschen reden. Er hat

in der Nacht immer (12) .... für seine Kunden.

3 Verneinung

a Wiederholung: *nicht* oder *kein* – Ergänzen Sie den Text.

Ich habe seit drei Tagen (1) _kein_ Handy mehr. Man hat es mir geklaut. Ich habe (2) _____

Ahnung, wo ich das Geld für ein neues Handy hernehmen soll. Ich weiß auch noch (3) _____, was

für ein Handy ich wirklich brauche. Aber ohne Handy kann ich (4) _____ leben.

b Was passt zusammen? Verbinden Sie.

1. Meine Tochter liest nicht gern.
2. Sie hat keine Bücher.
3. Ich ziehe dieses Kleid nicht an.
4. Ich habe kein Kleid für das Fest.
5. Frau Gade hat den Vertrag nicht unterschrieben.
6. Er hat noch keinen unbefristeten Vertrag.
7. Wir werden im Sommer nicht in Urlaub fahren.
8. Sie hat dieses Jahr keinen Urlaub mehr.

a) Aber sie hat viele DVDs.
b) Das andere gefällt mir besser.
c) Er ist noch in der Probezeit.
d) Hörbücher findet sie aber ganz toll.
e) Ich muss mir unbedingt eins kaufen.
f) Im nächsten Jahr hat sie dann wieder 30 Tage.
g) Sie möchte ihn zu Hause lesen.
h) Vielleicht fahren wir im Oktober.

nach 3

4 Der eigene Laden

a Welches Verb passt nicht? Streichen Sie es durch.

1. einen Kiosk — betreiben • führen • eröffnen • profitieren

2. die Buchführung — machen • überprüfen • begehren • kontrollieren

3. den Pachtvertrag — unterschreiben • abschließen • lesen • öffnen

4. das Sortiment — erweitern • machen • weiterentwickeln • reduzieren

5. finanzielle Rücklagen — haben • verkaufen • bilden • ansparen

6. die Logistik — organisieren • verlieren • kontrollieren • strukturieren

7. eine Lieterung — aufnehmen • annehmen • erwarten • kontrollieren

8. einen Familienbetrieb — führen • bilden • gründen • vererben

9. eine Versicherung — einkaufen • abschließen • kündigen • bezahlen

10. eine Geschäftsidee — ansparen • beschreiben • haben • entwickeln

b Ergänzen Sie die Sätze mit Verben aus 4a in der richtigen Form. Es gibt zum Teil mehrere Möglichkeiten.

1. Ich _habe_ 15 Jahre lang einen Späti _betrieben_, aber jetzt habe ich ihn

   verkauft.

2. Das Finanzamt will meine Buchführung _____. Ich bin ganz nervös.

3. Nachdem ich den Pachtvertrag _____, konnte ich mit der

   Renovierung des Ladens beginnen.

4. Der Laden läuft super, deshalb _____ ich demnächst das Sortiment.

5. _____ Sie die Lieferung gestern _____? Da fehlt nämlich einiges.

6. Wir _____ letztes Jahr eine tolle Geschäftsidee _____, aber

   leider hatten wir keine finanziellen Rücklagen.

5 Das Gründerforum

a Ergänzen Sie die Texte.

Hallo Leute, ich denke gerade darüber nach, o_b_ ich einen eige_____ Imbiss
aufmachen so___. Ich koche sehr ge___, aber eigent_____ habe ich n___
daran gedacht, ei____ Beruf daraus zu mac_____. Jetzt macht m___ aber
mein erle_____ Beruf, nämlich Buchh_____, keinen Spaß me___, weil
ich m___ meiner neuen Che____ nicht zurechtkomme. Gleichz_____ ist
die Nach_____ nach meinen Veggie-Burgern und Veggie-Sandwiches
im____ größer geworden. Vi_____ Bekannte von Beka_____ fragen mich,
ob i___ auch bei ih____ Partys kochen kann. Aber ich ha___ nur wenig
Ahn_____, was ich als Selbststä_____ alles beachten muss. Kann m___ irgendjemand helfen,
w___ ich anfangen ka___? Hat vielleicht jem_____ von euch et_____ Ähnliches gemacht u___ kann mir
e___ paar erste Ti____ geben?
Samuel

Ha_____ Samuel. Ich fi_____ es super, da___ du den M___ hast, so et_____ zu tun. I___
bin mir sic_____, dass du da gro_____ Erfolg haben kan_____. Natürlich ist d___ Anfang
nicht lei____ und du mu_____ das sorgfältig pla_____. In fast je_____ Stadt gibt es
Semi_____ und Workshops f___ Existenzgründer. Ich ha___ vor einigen Jah_____ einen
Gemüseladen aufge_____. Ich habe vor_____ an so ei_____ Seminar teilgenommen
u___ dort viele Ti_____ zu wirtschaftlichen u___ rechtlichen Fragen beko_____. Wenn
du e___ richtiges Imbisslokal ha_____ willst, dann i___ das Wichtigste d___ Lage des
Gesc_____. Wenn du ei_____ Kredit aufnehmen mu_____, dann wird d___ Bank von
d___ einen Business-Plan se_____ wollen. Schon allein deshalb solltest du ein paar
Seminare besuchen, bevor du richtig loslegst.
Kristin

b Welches Verb passt wo? Ordnen Sie zu.

machen   geben   abbringen   teilnehmen   gründen   mieten   ~~aufnehmen~~   nähen   leben

1. bei der Bank einen Kredit *aufnehmen*   6. jemanden von einer Idee ....

2. die Buchführung ....   7. von den Einnahmen der Firma ....

3. eine Firma ....   8. an einem Seminar ....

4. einen Tipp ....   9. Kleider und Blusen ....

5. eine Gewerbefläche ....

6 Negationswörter

a Ergänzen Sie die Gegensätze.

1. _jemand_ .... niemand
2. .... nichts
3. .... nie/niemals
4. .... nirgends/nirgendwo

b Schreiben Sie die Sätze in der angegebenen Zeitform mit Negationswörtern aus 6a.

1. Am Anfang / ich / kennen / in Deutschland (Perfekt)
2. Ich / können / finden / meine Brille (Präsens)
3. Ich / sein / hungrig / und / haben / zu essen (Präsens)
4. Ich / aufgeben (Perfekt)
5. Die alte Frau / sprechen mit / seit drei Tagen (Plusquamperfekt)
6. Er / wissen (Präsens)

1. Am Anfang habe ich in Deutschland niemanden gekannt.

nach 5

7 Terminvereinbarungen – Ergänzen Sie die Dialoge.

kann   übernehmen   bis   geht   ~~Schicht~~   Zeit   kann   nicht   Termin   kann

A ● Kannst du die (1) _Schicht_.................... am Mittwoch-

abend (2) ....?

○ Am Mittwoch (3) .... ich leider

(4) ...., weil ich da Elternabend habe.

B ● Ich habe am Freitag um 10 einen

(5) .... beim Zahnarzt.

○ Also, ich (6) .... von acht

(7) .... zwölf, aber dann muss ich nach Hause.

C ● Hast du am Donnerstag (8) ....?

○ Morgens (9) .... bei mir nicht, aber am Nachmittag (10) .... ich.

nach 6

8 Schreiben Sie die Arbeitsaufträge und die Terminabsprachen.

1. bitte / anrufen / den Getränkemarkt / Sie / .
2. Sie / können / eine Stunde / kommen / früher /, / bitte / ?
3. möglich sein /, // dass / am Samstag / arbeiten / du ?
4. es / schreiben / Sie / heute noch / die E-Mail / an K&L /, // bitte / .
5. können / helfen / ihr / bitte / mir / morgen / ?
6. einspringen / heute Abend / können / du / für mich / ?
7. Sie / die Schicht am Samstagmorgen / übernehmen / müssen / .
8. ich / können / Frau Gordi / vertreten / am Wochenende / .

1. Rufen Sie bitte den Getränkemarkt an.

Ihr Wortschatz

Nomen

die Ausgabe, -n	die Logistik (Sg.)
der Besitzer, –	die Nachfrage (Sg.)
die Besitzerin, -nen	der Pachtvertrag, ⸚e
die Besorgung, -en	die Pleite, -n
die Buchführung (Sg.)	die Redaktion, -en
der Dienstplan, ⸚e	die Reserve, -n
die Entdeckung, -en	die Rücklagen (Pl.)
der Familienbetrieb, -e	die Rücksendung, -en
die Frühschicht, -en	der Schichtdienst, -e
die Geschäftsidee, -n	die Schuld (Sg.)
die Gewerbefläche, -n	das Sortiment, -e
die Gleitzeit (Sg.)	die Spätschicht, -en
der Karton, -s	die Tiefkühlkost (Sg.)
der Konzern, -e	die Versicherung, -en
die Lage (Sg.)	die Verwirklichung (Sg.)
der Lieferant, -en	der/die Vorgesetzte, -n
der Lieferantin, -nen	der Zuschuss, -e

Verben

betreiben	klappen
einhalten	liefern
(sich) etwas einteilen	pleitegehen
eröffnen	profitieren von (+ D.)
hetzen	übernehmen

Adjektive

finanziell	niedergeschlagen
freiberuflich	wirtschaftlich
gewerblich	zufällig
günstig	zuständig

Andere Wörter und Ausdrücke

ausnahmsweise	miteinander
irgendjemand	unbedingt

9 Welche Wörter aus „Ihr Wortschatz" passen zu den Oberbegriffen?
Schreiben Sie sie in eine Tabelle.

selbstständig	angestellt
die Geschäftsidee	die Frühschicht

10 Ergänzen Sie die Sätze mit Verben aus „Ihr Wortschatz" in der richtigen Form.

1. Wenn du dir dein Geld gut ...., kannst du vielleicht etwas sparen.

2. Wichtig ist, dass Sie die Vorschriften ....

3. Es ist immer schlimm, wenn eine Firma ....

4. Frau Mohra .... am Samstag die Frühschicht.

5. Die Bäckerei .... sehr von der Schule gegenüber.

6. Mein Freund liebt Mode und hat jetzt eine Schneiderei ....

11 Für Ihren Alltag – Schreiben Sie in Ihrer Sprache.

Ich arbeite freiberuflich / als Angestellte/r.   ....

Wir haben Gleitzeit/Schichtarbeit.   ....

Man kann zu jeder Tages- und Nachtzeit einkaufen.   ....

Laut Dienstplan müssen Sie am Samstag arbeiten.   ....

Ich kann die Schicht von Alma übernehmen.   ....

Wäre es möglich, dass Sie bis 20 Uhr arbeiten?   ....

Selbstverständlich! / In Ordnung! / Alles klar!   ....

Könnten Sie mir bei der Buchhaltung helfen?   ....

Haben Sie das schon erledigt?   ....

Das mache ich sofort.   ....

Das kann ich leider erst später erledigen.   ....

Tut mir leid, aber dafür bin ich nicht zuständig.   ....

Verstehen Sie, was ich damit sagen möchte?   ....

12 Ihre Wörter und Sätze – Schreiben Sie.

Ihre Sprache: Deutsch:

....

....

....

....

13 Ihr Text – Sie arbeiten derzeit Teilzeit (20 Stunden), möchten aber Vollzeit (35 Stunden) arbeiten. ✏ Schreiben Sie einen Brief an Ihre Chefin.

Sehr geehrte Frau XX,

3 Arbeit im Team

nach 2

1 Ergänzen Sie die Verben in der richtigen Form.

~~sich unbeliebt machen~~   führen

hinterlassen

umgehen   vertuschen

üben   vorstellen   loben

halten

1. Eine Chefin, die nur kritisiert, _macht sich_ bei den Mitarbeitern _unbeliebt_ .

2. Eine Chefin muss Kritik ...., aber auch ....

3. Wer nicht gut mit Menschen .... kann, hat im Team Probleme.

4. Der neue Kollege hat im Team einen sehr guten Eindruck ....

5. Im Team ist es immer wichtig, dass man sich an Absprachen ....

6. Meine Kollegin .... gerne ihre Fehler, aber der Chef hat es diesmal gemerkt.

7. Frau Gren und die Chefin .... die Verhandlungen erfolgreich.

8. Darf ich Ihnen Frau Karg ....? Sie ist ab Juni unsere neue Abteilungsleiterin.

2 Passiv

a Wiederholung: Passivformen Präsens und Präteritum – Ergänzen Sie.

	Passiv Präsens	Passiv Präteritum
ich (einarbeiten)	_werde eingearbeitet_	_wurde eingearbeitet_
du (fahren)		
er/es/sie (trainieren)		
wir (einladen)		
ihr (filmen)		
sie/Sie (beobachten)		

b Schreibe Sie die Sätze im Passiv Präteritum.

1. die Kopien / machen / . _Die Kopien wurden gemacht._

2. die Rundmail / verschicken / .

3. die Teamarbeit / organisieren / .

4. der Auftrag / annehmen / .

5. ein Kollege / besonders loben / .

6. ihr / von der Personalabteilung / anrufen / ?

7. die Arbeitsaufträge / verteilen / .

8. ich / nach Hause / schicken / .

9. wir / von der Chefin / kritisieren / .

10. alle Kunden / zum Fest / einladen / .

3 Ergänzen Sie die E-Mail.

Betreff: Dank für die gute Zusammenarbeit

Liebe Kundinnen und Kun*den*, liebe Lieferantinnen und Liefera_____,

wie Sie zum Te___ schon wissen, we_____ ich Ende d___ Jahres das Te___ von *Partyservice Lecker*

a___ familiären Gründen f___ einige Zeit verl_____. Heute möchte i___ mich b___ Ihnen

verabschieden u___ Ihnen allen f___ die gute Zusamme_____ in den verga_____

Jahren danken. H___ und wieder wer_____ wir weiterhin Kon_____ haben, da i___ die Firma a____

freie Mitarbeiterin unters_____ werde.

Außerdem möc_____ ich Ihnen mei_____ Nachfolger, Herrn Rainwater, vorste_____. Er stammt

a___ den USA, lebt aber se___ vielen Jahren i__ Deutschland. Seine Leidenschaft f___ gutes Essen

u___ exzellentes Catering h_____ er bereits in sei_____ Heimatstadt Atlanta entd_____.

Er arbeitet se___ gerne mit Mens_____ zusammen und h___ in Deutschland Cate_____ an der

Fachhoc_____ studiert. Anschl_____ hat er ein_____ Jahre in ei_____ Hotel gearbeitet.

W___ sind froh, da___ er das Te___ von *Partyservice Lecker* in den Berei_____ Organisation und

Buchha_____ unterstützen wird.

I___ wünsche Ihnen al_____ Gute.

Mit freund_____ Grüßen

Malu Dewel

4 Lesen Sie das Protokoll und ergänzen Sie die Oberbegriffe.

Beginn   ~~Besprechung~~   Datum   Dauer   Protokollant   TOP   Ort

Protokoll zur (1) *Besprechung*.. **der neuen Einkaufsstrategie**

(2) ....: 7.7.2019: (3) .... 9.00 Uhr; (4) ....: ca. 3 Stunden

(5) ....: Besprechungszimmer 1, 1. Stock
Anwesende: Martina Bunk, Heide Zwerenz, Mehmet Gül

(6) ....:   **1. Inhalte der neuen Einkaufsstrategie**
                                      2. Zeitplan und Budget
                                      3. Sonstiges

1: Die Abteilungsleiterin, Frau Bunk, stellte die neue Strategie vor. Diese hat folgende Zielsetzung:
   1. Rationalisierung der Arbeitsabläufe
   2. Umstrukturierung der Lieferungen
   3. Einsparmöglichkeiten

2: Als Zeitplan wurde Version 1 (siehe Anhang) verabschiedet, da diese beim aktuellen Arbeitsauf-
   kommen als die machbarste erscheint. Das Budget wurde in einigen Punkten angepasst.

3: Im Anschluss an die Präsentation wurden die Auswirkungen auf die derzeitige Auftragslage diskutiert.
   Diese müssen noch genauer untersucht werden. Entscheidungen folgen auf individueller Basis.

(7) ....: *Mehmet Gül*

5 Teamgespräche

a **Welches Verb passt nicht? Streichen Sie es durch.**

1. das Protokoll	übernehmen • führen • ~~sagen~~ • vorlesen
2. einen Tagesordnungspunkt	diskutieren • aufrufen • hinzufügen • begrüßen
3. die Termine	notieren • vereinbaren • beweisen • einhalten
4. eine Einkaufsliste	einladen • zusammenstellen • notieren • erstellen
5. die Bestellungen	rausschicken • kontrollieren • notieren • führen
6. einen Alternativvorschlag	machen • äußern • ablehnen • kontrollieren

b **Welches Verb passt besser in den Kontext? Markieren Sie.**

Chefin: Dann kommen wir zur Betriebsfeier von K&L.

Dafür (1) müssen / können wir jetzt den Einkauf organisieren.

Herr Balmer, Sie (2) sollen / wollen dazu etwas sagen?

Balmer: Ja! Was (3) sagen / halten Sie davon, wenn ich die Liste

mache und Frau Wetz die Bestellungen verschickt?

Wetz: Das (4) finde / halte ich für eine gute Idee, das (5) können / müssen wir gerne so machen.

Chefin: Entschuldigung, wenn ich Sie unterbreche. Es (6) wäre / war gut, wenn Herr Polt einen Teil davon

übernehmen (7) würde / wurde.

Wetz: Ist das nicht ungünstig, weil er die Lieferanten noch nicht (8) kennt / weiß?

Chefin: Das (9) stimmt / ist so nicht. Er hat sich den Lieferanten bereits vorgestellt. Er (10) könnte / sollte

doch mit den Lieferanten Kontakt aufnehmen, die wir schon lange kennen. Was (11) meinen /

denken Sie dazu?

Balmer: Ja, das (12) denke / finde ich eine gute Lösung. Ich gebe ihm eine Liste.

Chefin: Herr Polt, (13) müssen / können Sie sich das so vorstellen?

Polt: Habe ich das richtig (14) verstanden / gesehen: Frau Wetz sagt mir, wen ich kontaktieren soll?

Balmer: Ja genau.

Polt: Gut, dann (15) sage / übernehme ich das sehr gerne.

c **Ergänzen Sie die Nomen.**

Sitzung   Gerücht   Ablauf   Visitenkarte   Protokoll   Termine

1. Meine Damen und Herren, die .... ist eröffnet.

2. Wer führt heute das ....?

3. Es hat sich das .... verbreitet, dass im Juni niemand Urlaub

nehmen kann. Das stimmt so nicht.

4. Für den Erfolg der Firma ist es wichtig, dass wir alle .... einhalten.

5. Ich habe den zeitlichen .... der Veranstaltung jetzt genau geplant.

6. Hier ist meine ...., da steht auch meine E-Mail-Adresse.

6 Ergänzen Sie die Adjektive, die das Gegenteil bedeuten.

~~präzise~~   optimistisch   chaotisch   unsachlich   demotivierend
destruktiv   komplex   innovativ   rational   provozierend

1. *präzise* .... ungenau

2. motivierend ....

3. .... emotional

4. strukturiert ....

5. .... traditionell

6. konstruktiv ....

7. .... pessimistisch

8. sachlich ....

9. .... einfach

10. ausgleichend ....

7 Ein Planungsgespräch – Ergänzen Sie den Dialog.

auf … festlegen   Ergebnisse zu erzielen   Ausdauer   ignoriert   in die Tat umzusetzen

über Bord werfen   ohne Rücksicht auf   improvisieren   ~~aus den Augen verlieren~~   Gegenpol

● Sie haben alle tolle Ideen, aber wir dürfen die Realität nicht (1) *aus den Augen verlieren* ....

○ Schon richtig, aber man sollte deshalb nicht gute Ideen (2) ....

● Um etwas (3) ...., braucht man realistische Pläne.

○ Stimmt! Aber unsere Träume bilden einen wichtigen (4) ....
zur Wirklichkeit.

● Mag sein, aber das darf nicht dazu führen, dass man die Wirklichkeit
(5) ....

○ Um gute (6) ...., braucht man beides: Träume und Realitätssinn.

● Wir können doch nicht (7) .... Verluste nur Ideen produzieren.
Wir sollten uns jetzt (8) .... einen konkreten Plan ....

○ Und wenn der dann nicht klappt, dann müssen wir ein wenig (9) ....

● Ja, wir brauchen beides, Kreativität und (10) ....

Ihr Wortschatz

Nomen

die Absprache, -n ....

die Ausdauer *(Sg.)* ....

die Buchhaltung *(Sg.)* ....

die Ehrlichkeit *(Sg.)* ....

die Entscheidung, -en ....

der Entwurf, ⸚e ....

die Flexibilität *(Sg.)* ....

der Flyer, – ....

die Innovation, -en ....

die Kompetenz, -en ....

die Neugier *(Sg.)* ....

das Personal *(Sg.)* ....

das Protokoll, -e ....

die Rundmail, -s ....

die Schulung, -en ....

die Servicekraft, ⸚e ....

die Sitzung, -en ....

die Statistik, -en ....

der Tagesordnungs-
punkt, -e (der TOP, -s) ....

die Tat, -en ....

die Teamarbeit *(Sg.)* ....

die Treue *(Sg.)* ....

der Verbesserungs-
vorschlag, ⸚e ....

die Verhandlung, -en ....

der Versand *(Sg.)* ....

die Visitenkarte, -n ....

die Vorgabe, -n ....

das Wachstum *(Sg.)* ....

der Zufall, ⸚e ....

Verben

abstimmen (über + A.) ....

sich aufteilen (in + D.) ....

ignorieren ....

improvisieren ....

umsetzen ....

verhindern ....

etwas vertuschen ....

zukommen auf (+ A.) ....

Adjektive

ausschließlich ....

chaotisch ....

detailliert ....

formal ....

gefühlsbetont ....

gelassen ....

innovativ ....

komplex ....

konstruktiv ....

motivierend ....

neutral ....

pessimistisch ....

präzise ....

provozierend ....

sachlich ....

souverän ....

strukturiert ....

systematisch ....

überfordert ....

überlastet ....

unvoreingenommen ....

voreilig ....

8 Welche Nomen aus „Ihr Wortschatz" passen zu den Erklärungen?

1. Wenn man immer etwas Neues erfahren möchte, hat man viel davon. ....

2. Die Fähigkeiten einer Person. ....

3. Dieser Text fasst die wichtigsten Punkte einer Besprechung zusammen. ....

4. Bei dieser Arbeitsform arbeiten mehrere Menschen zusammen. ....

5. Ein Text, der noch nicht fertig ist. ....

6. Eine neue Idee, mit der z.B. ein Arbeitsprozess effektiver werden soll. ....

7. Eine Veranstaltung, bei der Mitarbeiter/innen etwas Neues lernen. ....

8. Diese Eigenschaft hilft, sich auf Veränderungen schnell einzustellen. ....

9 Ergänzen Sie Verben aus „Ihr Wortschatz" in der angegebenen Form.

1. Der Chef .... das Problem ...., aber die Wahrheit kam doch ans Licht. (*Perfekt*)

2. Mein Kollege ...., dass ich die Aufgabe bekomme. Das war unfair. (*Perfekt*)

3. Ich kläre das und .... dann wieder .... Sie .... (*Präsens*)

4. Nachdem wir den Plan in die Tat ...., fanden ihn alle gut. (*Plusquamperfekt*)

5. Auf der Sitzung .... über den Vorschlag .... (*Passiv Präteritum*)

6. Wir sprechen zuerst im Plenum und .... uns dann ....

   Arbeitsgruppen .... (*Präsens*)

10 Für Ihren Alltag – Schreiben Sie in Ihrer Sprache.

Welche Erfahrungen hast du mit Teamarbeit gemacht? ....

Hast du vielleicht einen guten Ratschlag für mich? ....

Ich habe eine Leidenschaft für gutes Essen. ....

Ich möchte zu diesem Punkt etwas sagen. ....

Habe ich das richtig verstanden? ....

Entschuldigung, wenn ich Sie unterbreche … ....

Da gebe ich Ihnen völlig recht. / Sie haben recht. ....

Das finde ich eine gute Lösung. ....

Das halte ich für eine gute Idee. ....

11 Ihre Wörter und Sätze – Schreiben Sie.

Ihre Sprache: Deutsch:

....

....

....

....

12 Ihr Text – Welche Rolle haben Sie in Teams? 🖊 Schreiben Sie in Ihr Heft.

Ich glaube, ich bin eher ein vorsichtiger Typ. Ich finde es gut, wenn …

4 Tourismus

nach 1

1 Wortschatz wiederholen und erweitern: Das braucht man für die Reise.

a In jeder Gruppe gibt es ein Wort, das nicht passt. Streichen Sie es durch und schreiben Sie es in die passende Gruppe.

Campingurlaub	Städtereise	Fahrradtour	Dokumente	Gesundheit
der Gaskocher	der Reiseführer	das Werkzeug	der Impfpass	die Luftpumpe
~~die Hoteladresse~~	das Durchfall-mittel	der Ersatzschlauch	die Versicherten-karte	das Schmerzmittel
der Schlafsack	der Stadtplan	der Führerschein	das Zelt	das Verbandszeug
die Luftmatratze	die Buchungs-bestätigung	der Regenschutz	der Reisepass	die Reisetabletten
	die Hotel-adresse			

b Ergänzen Sie die Wörter in der Tabelle in 1a mit Artikel. Manchmal gibt es mehrere Möglichkeiten.

Visum   Mückenschutz   Brieftasche

Landkarte   Pflaster   Auslandskrankenschein

Flugtickets   Taschenmesser   Fahrradhelm

c Notieren Sie weitere Dinge zuerst in Ihrer Muttersprache und suchen Sie dann die deutschen Wörter dafür im Wörterbuch.

nach 2

2 Reiseangebote – Ergänzen Sie die E-Mail.

Sehr geehrte Da*men* und Her_____,

für me_____ Familie su_____ ich na___ einem Reisea_____ hier in Deuts_____. Wir si___

zwei Erwac_____ und dr___ Kinder zwis_____ 8 und 13 Jah_____. Bezüglich d___ konkreten

Or_____ sind w___ sehr flex_____. Wir möc_____ eine Ferienwo_____ oder e___ kleines

kinderfreu_____ Hotel, wo w___ uns g___ erholen kön_____. Wichtig si___ für uns gu___

Freizeitmöglichkeiten, w___ Schwimmen od___ Wandern, in d___ Nähe. Auße_____ wünschen

w___ uns f___ die Kin_____ die Mögli_____, an Sportku_____ teilzunehmen. Bi_____ lassen

S___ mir e___ paar Ange_____ zukommen, am bes_____ mit Frühbucherra_____.

Mit freund_____ Grüßen

Jakob Seibert

3 Wiederholung: Ratschläge im Konjunktiv II – Schreiben Sie die Verben im Konjunktiv II.

● Ich will Urlaub machen, aber mein Geld reicht nicht. Was soll ich tun?

○ Du (1) _solltest_ (sollen) mehr sparen, dann könntest du von dem Geld in den Urlaub fahren.

Oder du (2) .... (müssen) mit deiner Chefin sprechen, damit du ein besseres Gehalt

bekommst.

● Mein Kollege hat gesagt: „An deiner Stelle (3) .... (würde-Form) ich online buchen,

das ist billiger."

○ Wir (4) .... (sein) da vorsichtig. Du (5) .... (können) dich auch noch in

einem Reisebüro erkundigen. Wir (6) .... (würde-Form) an deiner Stelle auf jeden Fall

schnell buchen, sonst wird die Reise viel zu teuer.

● Ach, ich finde, ihr (7) .... (sollen) mich das selbst entscheiden lassen. Es ist mein Geld.

Ihr (8) .... (können) das alles entspannter sehen. Man (9) .... (sollen)

sich nicht immer zu viele Gedanken machen.

4 Ratschläge, obwohl es zu spät ist.

a Frau Berger weiß alles besser. Ordnen Sie zu.

1. ● Ich habe kurzfristig gebucht und musste sehr viel für den Flug bezahlen.
2. ● Mein Hotelzimmer lag direkt über der Küche und war deshalb sehr laut.
3. ● Mir hat das Essen nicht geschmeckt, aber ich hatte Vollpension gebucht.
4. ● Ich war allein unterwegs und mir fehlte manchmal jemand zum Reden.
5. ● An meinem Urlaubsort gab es sehr wenige Sehenswürdigkeiten.
6. ● Es war viel zu heiß – ständig über 35 Grad!

.... a) ○ Ich hätte nur das Frühstück genommen und hätte in Restaurants gegessen.

.... b) ○ An Ihrer Stelle hätte ich jemanden gebeten, mit mir zu reisen.

.... c) ○ Ich hätte mich vor der Reise über die Temperaturen vor Ort informiert.

...1... d) ○ Ich hätte viel früher gebucht.

.... e) ○ An Ihrer Stelle hätte ich mich vorher nach den touristischen Attraktionen am Zielort erkundigt.

.... f) ○ An Ihrer Stelle hätte ich bei der Reservierung um ein ruhiges Zimmer gebeten.

b Urlaub ohne Stress! – Schreiben Sie Ratschläge wie im Beispiel.

1. Ich hatte kaum Zeit zu packen. – *ein paar Tage vor der Abfahrt mit dem Packen anfangen*
2. Ich habe einige wichtige Dinge vergessen. – *eine Liste schreiben*
3. Im Flugzeug bekam ich kein vegetarisches Essen. – *gleich bei der Buchung vegetarisches Essen bestellen*
4. Beim Autoverleih gab es nur sehr teure Wagen. – *vor der Reise einen günstigen Wagen reservieren*
5. Das Hotel lag an einer sehr lauten Straße. – *den Reiseveranstalter um ein ruhiges Hotel bitten*
6. Ich hatte gleich am ersten Tag eine Sonnenallergie. – *eine starke Sonnencreme mitnehmen*

1. Du hättest ein paar Tage vor der Abfahrt mit dem Packen anfangen sollen.

nach 4

5 Beruf: Reisekauffrau – Ergänzen Sie.

stört   Voraussetzung   attraktiv   kalkulieren

Verdienstmöglichkeiten   Umgang   gefällt

Organisationstalent

Ausbildung   Beratungsgespräche   Beruf   Marketing

Ich mache gerade eine (1) .... zur Reisekauffrau. Wenn man diesen

(2) .... wählt, sollte man auf jeden Fall Spaß am (3) ....

mit Kundinnen und Kunden haben, denn (4) .... sind in dieser Branche sehr

wichtig. Außerdem braucht man auch (5) .... und muss gut rechnen können,

da man verschiedene Reiseangebote planen und (6) .... muss. Zusätzlich dazu

sind gute Fähigkeiten im (7) .... erforderlich, denn es geht auch darum, die

Reiseangebote (8) .... zu gestalten. Gute Kenntnisse in mindestens einer

Fremdsprache sind eine weitere (9) ....

Mir (10) .... an diesem Beruf, dass man viel mit Menschen zu tun hat und viel

reisen kann. Viele Leute (11) .... es, dass man in Reisebüros nicht gut verdient.

Aber im Geschäftskundenbereich hat man bessere (12) ....

nach 5

6 Eine Stellenanzeige verstehen – Zu welchen Informationen in der Anzeige passen a–g? Ordnen Sie zu.

günstig-unterwegs.de

Wir sind einer der größten deutschen Reisevermittler im Internet.
Neben dem unabhängigen Preisvergleich von über 80 Millionen Reiseangeboten bekommen unsere Mitglieder regelmäßig einen ausführlichen Newsletter (1).

Wir suchen: **Junior Softwareentwickler m/w**

Ihre Aufgaben: Sie optimieren unseren Internetauftritt. (2)
Ihr Profil: • Abschluss in Wirtschaftsinformatik oder
   vergleichbare Ausbildung (3)
• Vertrautheit mit touristischen Themen
• Wunsch, sich permanent fortzubilden (4)

Unser Angebot: eine spannende und abwechslungsreiche Tätigkeit (5)
ein angenehmes Arbeitsumfeld (6)
sehr gute Aufstiegschancen (7)

günstig-unterwegs.de

.... a)   Man ist bereit, die eigenen Qualifikationen zu erweitern.

.... b)   Die Arbeitsbedingungen in der Firma sind gut.

.... c)   Anforderung ist ein abgeschlossenes Studium oder eine ähnliche Qualifikation.

.... d)   In der Firma hat man optimale Karrieremöglichkeiten.

.... e)   Die Firma bietet interessante Aufgaben.

.... f)   Tätigkeit: Man soll die Firmenhomepage verbessern.

....1.... g)   Die Firma informiert ihre Kunden regelmäßig.

7 Frau Maleki hat Fragen zu der Stellenanzeige. – Ordnen Sie zu.

- günstig-unterwegs.de, Sie sprechen mit Herrn Unterberger, was kann ich für Sie tun?

  ○ 1. ☐

- Ah ja. Und womit kann ich Ihnen da weiterhelfen?

  ○ 2. ☐

- Da sind Sie doch schon ganz gut qualifiziert.

  ○ 3. ☐

- Bewerbungsschluss ist in zwei Wochen.

  ○ 4. ☐

- Ja, gerne, Frau Maleki. Auf Wiederhören.

  ○ 5. ☐

a) Sie meinen, diese Qualifikationen reichen? Das freut mich. Dann würde ich gerne noch wissen, bis wann ich Ihnen meine Bewerbungsunterlagen schicken muss.

b) Vielen Dank und auf Wiederhören.

c) Es geht um die Qualifikationen. Ich habe im Iran Informatik studiert und hier in Deutschland dann noch einen Bachelor in Wirtschaft gemacht.

d) Gut. Dann schicke ich Ihnen bald meine Unterlagen.

e) Guten Tag, mein Name ist Maleki. Ich habe Ihre Anzeige im Internet gelesen und möchte mich auf die Stelle der Junior-Softwareentwicklerin bewerben, aber ich habe zunächst noch ein paar Fragen.

nach 6

8 Gründe und Folgen nennen. Kreuzen Sie die passenden Konnektoren an.

Rezeptionist im Hotel ist mein Traumberuf, (1) ⓐ aus diesem Grund ⓑ darum ⓧ denn ich habe gern

Kontakt zu Menschen. (2) ⓐ Deshalb ⓑ Wegen ⓒ Da habe ich nach meinem Schulabschluss eine Ausbil-

dung in diesem Beruf gemacht. Meine Tätigkeiten sind abwechslungsreich, (3) ⓐ denn ⓑ aus diesem

Grund ⓒ weil wird es mir nie langweilig. (4) ⓐ Darum ⓑ Weil ⓒ Da manche Gäste auch schwierig sein

können, ist die Arbeit nicht immer ganz einfach. Aber ich liebe Herausforderungen! Und man kann

(5) ⓐ da ⓑ daher ⓒ wegen der vielen Aufstiegsmöglichkeiten in der Hotelbranche gut Karriere machen.

9 Präsentation: Meine Reise – Ergänzen Sie die Redemittel.

a) Zum Schluss möchte ich betonen   h) Außerdem möchte ich noch erwähnen, dass

c) Als Nächstes möchte ich darüber sprechen   ~~d) Ich stelle Ihnen heute Rostock vor~~

e) Zuerst möchte ich Ihnen einen kleinen Überblick   f) Wie Sie sicherlich wissen

Hallo und herzlich willkommen zu meiner Präsentation! (1) ⓓ.

(2) ☐, liegt Rostock an der Ostsee. (3) ☐ über die touristischen

Attraktionen geben: Die Universität wurde 1419 gegründet und

ist die älteste Universität im Ostseeraum. Rostock hat eine

schöne historische Altstadt mit vielen interessanten Kirchen

und Bürgerhäusern. ... (4) ☐ es in Rostock auch viele interes-

sante Veranstaltungen wie Konzerte, Theateraufführungen und

nicht zuletzt die berühmte Hanse Sail gibt. Diese Veranstaltung, bei der man traditionelle Schiffe

bewundern kann, findet jedes Jahr im August statt und zieht über eine Million Besucher an. ... (5) ☐,

was man mit Kindern in Rostock und Umgebung unternehmen kann: Der Ostseestrand in Warnemünde ist

nicht weit, und in Rostock gibt es auch einen Zoo. ... (6) ☐: Eine Reise nach Rostock lohnt sich immer!

Ihr Wortschatz

Nomen

die Anerkennung *(Sg.)* ....

die Anforderung, -en ....

die Anzahlung, -en ....

die Arbeits-
bedingungen *(Pl.)* ....

die Aufmerksamkeit
(Sg.) ....

die Aufstiegsmöglich-
keit, -en ....

die Begeisterung *(Sg.)* ....

die Bewerbungs-
unterlagen *(Pl.)* ....

die Bezahlung *(Sg.)* ....

das Erlebnis, -se ....

die Gebühr, -en ....

die Geschäfts-
leitung, -en ....

die Gewerkschaft, -en ....

das Grundgehalt, ⸚er ....

die Halbpension *(Sg.)* ....

der Frühbucher-
rabatt, -e ....

die Koordination *(Sg.)* ....

die Kreativität *(Sg.)* ....

die Kündigungs-
frist, -en ....

die Pauschalreise, -n ....

die Reiserücktritts-
versicherung, -en ....

die Rückkehr *(Sg.)* ....

die Teamfähigkeit *(Sg.)* ....

die Umbuchung, -en ....

die Vollpension *(Sg.)* ....

Verben

abschließen ....

aufkommen für (+ A.) ....

aufwachsen (in + D.) ....

beitreten ....

beraten ....

betreuen ....

sich erholen ....

sich spezialisieren
(auf + A.) ....

stornieren ....

umgehen (mit + D.) ....

zaubern ....

Adjektive

abwechslungsreich ....

anspruchsvoll ....

ausgebucht ....

begeistert ....

hoffnungslos ....

körperlich ....

psychisch ....

reibungslos ....

selbstverständlich ....

sensationell ....

therapeutisch ....

versteckt ....

vollständig ....

verzweifelt ....

Andere Wörter und Ausdrücke

alles inklusive ....

unterwegs sein ....

10 Welche Wörter aus „Ihr Wortschatz" bedeuten das Gegenteil? Ergänzen Sie.

1. die Enttäuschung ....

2. die Individualreise ....

3. die Kritik ....

4. buchen ....

5. zu Hause sein ....

6. langweilig ....

7. hoffnungsvoll ....

8. problematisch ....

11 Ergänzen Sie die Sätze mit Verben aus „Ihr Wortschatz".

Ich habe mit einem Hotel einen Vertrag (1) .... und arbeite dort halbtags.

Meine Aufgabe ist es, die Kinder unserer Gäste zu (2) .... Die Eltern möchten

sich im Urlaub vor allem (3) ....

Mein Freund kann gut mit alten Menschen (4) .... Er hat sich darauf

(5) ...., Städtereisen zu organisieren. Wenn es Fragen zu seinen Angeboten

gibt, (6) .... er seine Kundschaft immer öfter auch online.

12 Für Ihren Alltag – Schreiben Sie in Ihrer Sprache.

An deiner Stelle wäre/hätte ich ... .

Ich hätte die Geschäftsbedingungen nicht akzeptiert. ....

Du hättest ... stornieren sollen. ....

Ich habe mich auf ... spezialisiert. ....

Wir sind verantwortlich für ... .

Ich bin für ... zuständig. ....

Ich kann perfekt organisieren. ....

Ich kenne mich mit ... aus. ....

Ich bin selbstverständlich in der Lage, ...

Ein Team zu managen ist für mich kein Problem. ....

Das mache ich mit links. ....

Die meisten ... löse ich in wenigen Minuten. ....

13 Ihre Wörter und Sätze – Schreiben Sie.

Ihre Sprache:

....

....

....

....

Deutsch:

....

....

....

....

14 Ihr Text – Die schönste Reise, die Sie in Ihrem Leben bisher gemacht haben.

Oder: Ihre Traumreise. 🖊 **Schreiben Sie in Ihr Heft.**

Meine Traumreise ist eine Weltreise. Ich möchte zuerst gerne mit dem Schiff ...

5 Aktiv im Handwerk

nach 1

1 Handwerliche Berufe

a **Was kann man ...? – Schreiben Sie passende Nomen zu den Verben.**

Stromleitungen   Steckdosen   Böden   Wände   Möbel   Lampen   Metallstücke

Kleidung   Fenster   Computerprogramme   Kabel   Gardinen   Kissen

1. aufbauen ....

2. verlegen ....

3. tapezieren ....

4. nähen ....

5. streichen ....

6. anbringen ....

7. zusammenschweißen ....

8. installieren ....

b **Was braucht man, wenn man ...? – Schreiben Sie die passenden Nomen mit Artikel zu den Tätigkeiten.**

Bohrmaschine   Eimer   Faden   Farbrolle   ~~Hammer~~   Nadel

~~Nagel~~   Pinsel   Schere   Schraube   Schraubenzieher   Zange

1. ... ein Bild an die Wand hängen möchte?   *den Hammer, den Nagel*

2. ... etwas anschrauben möchte? ....

3. ... Farben mischen will? ....

4. ... die Wände streichen will? ....

5. ... Löcher in die Wand bohren muss? ....

6. ... einen Nagel aus der Wand ziehen will? ....

7. ... Stoff zuschneiden möchte? ....

8. ... etwas nähen möchte? ....

c **Was haben Sie schon gemacht? Was haben Sie noch nie gemacht? – Schreiben Sie vier Sätze im Perfekt wie im Beispiel.**

Ich habe noch nie Wände tapeziert, aber ich habe schon ein Regal aufgebaut.

5

2 Im Baumarkt – Ergänzen Sie die Verben in der richtigen Form.

anbieten   ~~besuchen~~   bitten   stehen   tapezieren   verlegen   zuhören   übernehmen

Gemeinsam mit mehreren anderen Frauen (1) _besucht_ Nanni Meyer heute Abend die

Ladies Night im Baumarkt. Die Frauen (2) .... zwischen Werkzeugen und Baumaterial

und (3) .... gespannt einer Fachfrau .... Die Themen dieser Kurse,

die sich speziell an Frauen richten und mehrmals jährlich (4) .... werden, sind:

„Wände (5) .... ", „Boden (6) .... ", „Mit Holz arbeiten" und

„Mit Werkzeugen umgehen" – alles Tätigkeiten, bei denen die Frauen oft immer gerne ihre Partner um

Hilfe (7) .... haben. In Zukunft wollen sie solche Renovierungsarbeiten aber selbst

(8) ....

3 Wiederholung: Passiv – Was passiert hier? Schreiben Sie die Sätze im Passiv Präsens.

1. Die Handwerkerinnen renovieren die Wohnung. *Die Wohnung wird renoviert.* ....

2. Sie tapezieren die Wände. ....

3. Sie kleben die Böden ab. ....

4. Sie mischen die Farben. ....

5. Sie streichen die Wände. ....

6. Zum Schluss montieren sie die Steckdosen. ....

4 Die Chefin war verreist. – Was ist schon passiert, was noch nicht? Schreiben Sie die Antworten von Herrn Nemzi im Passiv Perfekt.

1. ● Haben Sie die Kunden über die Lieferschwierigkeiten

   informiert?

   ○ Ja, *sie sind schon informiert worden.* ....

2. ● Haben Sie den Computerfachmann schon angerufen?

   ○ Ja, ...

   ....

3. ● Haben Sie die Werbeplakate schon verschickt?

   ○ Nein, ...

   ....

4. ● Haben Sie den Drucker schon zur Reparatur gebracht?

   ○ Nein, ...

   ....

5. ● Haben Sie die E-Mail an Herrn Münzer schon geschrieben?

   ○ Ja, ...

   ....

nach 3

5 **Was ist schon gemacht? Was muss noch gemacht werden? – Lesen Sie die Checkliste**
für die Einweihung des neuen Büros und schreiben Sie Sätze wie im Beispiel.

✓ Einladungen schreiben
– Einladungen zur Post bringen

✓ DJ beauftragen
– Musik auswählen

✓ Getränke bestellen
– Getränke im Getränkemarkt abholen

✓ den Grill organisieren
– Grillfleisch und Brot kaufen

✓ Kuchen backen
– die Räume dekorieren

Die Einladungen sind schon geschrieben, aber sie müssen noch zur Post gebracht werden.

nach 4

6 **Einen Ablauf beschreiben – Ordnen und schreiben Sie den Text. Was ist X?**

.... Für ein hartes X verlängert man die Kochzeit um drei Minuten.

.... Wenn das Wasser kocht, legt man das X hinein.

.... Jetzt ist das X fertig. Guten Appetit!

..*1*.... Zuerst bringt man eine ausreichende Menge Wasser zum Kochen.

.... Um ein weiches X zu bekommen, muss man es etwa 5 Minuten kochen.

.... Halten Sie das X nach dem Kochen so lange unter kaltes Wasser, bis es sich kühl anfühlt.

.... Bevor man das X ins Wasser legt, macht man ein kleines Loch in das X. Dazu kann man eine Nadel

verwenden.

1. Zuerst bringt man ...

nach 6

7 **Die Zukunft des Handwerks – Was passt wo? Ordnen Sie zu.**

a) duale Ausbildung   b) Ausbildungsplätzen   c) Bewerbern und Berwerberinnen

d) Branchen   ~~e) einen guten Ruf~~   f) Nachwuchsprobleme

g) Schulabgänger und Schulabgängerinnen   h) Werbekampagne

Unsere Firma hat (1) ⓔ, deshalb ist es für uns glücklicherweise nicht schwer, geeignete Mitarbeiter zu
finden. Während Firmen in anderen (2) ◯ über (3) ◯ klagen, haben wir mit einer guten (4) ◯ in den
Schulen erfolgreich um junge (5) ◯ für unsere (6) ◯ geworben. Die Nachfrage nach unseren (7) ◯
war so groß, dass wir einigen (8) ◯ für das kommende Ausbildungsjahr leider absagen mussten.

8 Trennbare und nicht trennbare Verben

a Wiederholung: Machen Sie eine Tabelle wie im Beispiel und schreiben Sie die Infinitive in die richtige Spalte. Markieren Sie jeweils die betonten Silben.

einkaufen • verkaufen • beachten • empfehlen • ansehen • mitmachen • besorgen • zerschneiden •
anrufen • bestellen • anschalten • anbringen • ausführen • zudrehen • aufschrauben • verlegen •
verbessern • benutzen • erleichtern • vermessen • abkleben • auswaschen • vereinfachen • bezahlen •
aufbauen • auswechseln • ausprobieren • beantworten • aufräumen • wegbringen • abwaschen •
entfernen • vorschlagen

trennbare Verben	nicht trennbare Verben
ansehen	verkaufen

b Wiederholung: Schreiben Sie Sätze im Perfekt.

1. du / mir / einen guten Handwerker / empfehlen / .

    _Du hast mir einen guten Handwerker empfohlen._

2. Ich / ihn / gleich / anrufen / .

   ....

3. der Klempner / unsere Waschmaschine / anschließen / .

   ....

4. er / einen Schlauch und Dichtungen / besorgen / .

   ....

5. er / eine Dichtung / auswechseln / .

   ....

6. er / den Schlauch / anbringen / .

   ....

7. wir / ihn / bar / bezahlen / .

   ....

c Verben mit den Präfixen *durch-*, *über-*, *um-*, *unter -*, *wider-* und *wieder-*. Ergänzen Sie die Verben in der richtigen Form.

1. Die Durchsage im Zug wurde dreimal .... (wiederholen)

2. Wann habt ihr den Vertrag ....? (unterschreiben)

3. Wir haben die Wohnung letztes Jahr .... (umbauen)

4. Der Vermieter hat die Kosten für die Renovierung .... (übernehmen)

5. Hast du dir das gut ....? (überlegen)

6. Seine Argumente haben uns nicht .... (überzeugen)

7. Wann bist du ....? Gestern oder heute? (wiederkommen)

8. Wo seid ihr auf eurer Reise ....? (unterkommen)

9. Im Kurs haben die Teilnehmerinnen gelernt, mit Werkzeug .... (umgehen)

Ihr Wortschatz

Nomen

der Arbeitsbereich, -e ....

der Auftrag, ⸚e ....

der Ausbildungs-
betrieb, -e ....

die Auswirkung, -en ....

der Baumarkt, ⸚e ....

die Botschaft, -en ....

das Dach, ⸚er ....

die Dichtung, -en ....

die duale
Ausbildung, –en ....

der Faden, ⸚ ....

der / die Geflüchtete, -n ....

der Geldbeutel, – ....

die Grundlage (Sg.)
(für + A.) ....

der Heimwerker, – ....

die Heimwerkerin, -nen ....

der Meister, – ....

die Meisterin, -nen ....

die Messung, -en ....

die Montage, -n ....

die Montage-
anleitung, -en ....

das Mobbing (Sg.) ....

die Nadel, -n ....

der Notdienst, -e ....

die Schraube, -n ....

der Schraubenzieher, – ....

der Umgang (mit + D.) ....

das Ventil, -e ....

der Vorgang, ⸚e ....

die Wartung (Sg.) ....

das Waschbecken, – ....

der Zustand, ⸚e ....

Verben

ausführen ....

auswechseln ....

benötigen ....

durchführen ....

ermöglichen ....

klarkommen ....

nähen ....

sanieren ....

tapezieren ....

überdenken ....

sich überzeugen
(von + D.) ....

umgehen (mit + D.) ....

unternehmen ....

verlegen ....

vermessen ....

wickeln ....

widersprechen ....

wischen ....

zudrehen ....

Adjektive

begabt/unbegabt ....

defekt ....

digital ....

eingeschränkt ....

extern/intern ....

nachhaltig ....

speziell (für + A.) ....

sorgfältig ....

9 Zu welchen Nomen aus „Ihr Wortschatz" passen die Erklärungen?
Schreiben Sie sie mit Artikel.

1. Ein Ort, an dem man Werkzeug, Farben, Holz und andere Materialien kaufen kann. ....

2. Eine Person, die ihr Land z. B. wegen eines Krieges verlassen musste. ....

3. Eine Person, die andere in einem Handwerksberuf ausbildet. ....

4. Ein Unternehmen, das Auszubildende beschäftigt. ....

5. Wenn z. B. ein Handwerker außerhalb regulärer Arbeitszeiten erreichbar ist. ....

6. Eine kleine Tasche, in der man Geld hat. ....

7. Zwei Dinge, die man zum Nähen braucht. ....

8. Wenn Personen sehr schlecht behandelt werden. ....

10 Ergänzen Sie die Sätze mit Verben aus „Ihr Wortschatz". Achten Sie auf die richtige Form.

1. Die Firma Ottomar .... alle Renovierungsarbeiten fachgerecht ....

2. Die Handwerker .... die Räume und .... die Teppichböden.

3. Das Wohnzimmer wird ...., die Wände in den anderen Räumen werden gestrichen.

4. Das Haus ist nachhaltig .... worden.

5. Alle Bewohner waren mit der Renovierung einverstanden, niemand hat ....

11 Für Ihren Alltag – Schreiben Sie in Ihrer Sprache.

Ich nähe Kleidung selbst. ....

Um Möbel aufzubauen, brauche ich … ....

Die Wände sind gestrichen worden. ....

Die Wände sind frisch gestrichen. ....

Ich habe es (nicht) geschafft, … ....

Ich erkläre dir jetzt, wie man … Zuerst … ....

Ich möchte Sie auf ein Problem hinweisen. ....

Es wäre besser, wenn wir in Zukunft … ....

Der Vorteil davon wäre, dass … ....

12 Ihre Wörter und Sätze – Schreiben Sie.

Ihre Sprache: Deutsch:

....

....

....

....

13 Ihr Text – Welche handwerkliche Tätigkeit würden Sie gern können? Warum?
🖊 Schreiben Sie in Ihr Heft.

Ich würde gern mit Holz arbeiten. Ich finde es schön, wenn …

A Grammatik wiederholen

Reflexivpronomen – reflexive Verben

Reflexivpronomen

Reflexivpronomen machen deutlich, dass Subjekt und Objekt die gleiche Person/Sache sind.
Das Reflexivpronomen hat nur in der 3. Person Singular und Plural eine eigene Form: *sich*.
Alle anderen Formen sind identisch mit den Personalpronomen im Akkusativ und Dativ.

Reflexive Verben

Einige Verben haben immer ein Reflexivpronomen, z. B. *sich erkälten, sich ereignen, sich erholen, sich verlieben* …

sich bedanken:	*Ich bedanke mich ganz herzlich für die Einladung.*
sich beeilen:	*Wir müssen uns beeilen, der Zug fährt gleich ab.*
sich bewerben:	*Meine Kollegin hat sich als Teamleiterin beworben.*

Viele andere Verben können reflexiv und nicht reflexiv verwendet werden, z. B.

jemanden ärgern:	*Es macht ihm manchmal Spaß, seine Kollegen zu ärgern.*
sich ärgern:	*Frau Bär ärgert sich über ihren Kollegen.*
etwas waschen:	*Hast du die Wäsche schon gewaschen?*
sich waschen:	*Mein Sohn wird immer wütend, wenn er sich waschen soll.*

In den meisten Fällen steht das Reflexivpronomen im Akkusativ. Wenn es im Satz bereits eine Ergänzung im Akkusativ gibt, steht das Reflexivpronomen im Dativ:
*Hast du **dich** gewaschen?*
*Hast du **dir** die Hände gewaschen?*

1 Akkusativ oder Dativ? Markieren Sie die passenden Pronomen.

1. Dieses Jahr werde ich *mir / mich* ein neues Fahrrad kaufen.

2. Ich habe *mir / mich* verliebt.

3. Im neuen Jahr will ich *mir / mich* weniger Stress machen und ruhiger leben.

4. Bisher habe ich *mir / mich* fast immer im Herbst erkältet.

5. Im nächsten Jahr lasse ich *mir / mich* eine Grippeimpfung geben.

2 Schreiben Sie die Sätze.

1. sich freuen / ich / über meinen neuen Job / .

   Ich freue mich

2. sich beeilen / du / müssen / .

   ....

3. sich wünschen / die Mitarbeiter / ein gutes Betriebsklima / .

   ....

4. sich umziehen / ich / müssen / für das Geschäftsessen / .

   ....

5. sich bewerben / ihr / können / auf die freien Stellen / .

   ....

Lokale und temporale Präpositionen

> **temporale Präpositionen:** *ab, an, außerhalb, bei, bis, in, innerhalb, nach, seit, um, vor, während, zu, zwischen*
>
> **lokale Präpositionen:** *an, auf, aus, außerhalb, bei, durch, gegenüber, hinter, innerhalb, in, nach, neben, über, unter, um, von, vor, zu, zwischen*

1 Welchen Kasus brauchen die Präpositionen? Schreiben Sie sie in die Tabelle.

Akkusativ	Dativ	Genitiv	Akkusativ oder Dativ (Wechselpräpositionen)
	ab		an

2 Schon wieder zu spät! Welche temporalen Präpositionen passen?

● Da bist du ja endlich! Ich warte schon (1) .... einer Stunde!

○ Tut mir leid. Ich wollte auch pünktlich (2) .... acht Uhr da sein, aber

(3) .... dem Abendessen und (4) .... dem Schlafen-

gehen braucht meine Tochter immer ihre Gutenachtgeschichte, und die wollte sie unbedingt von mir

hören und nicht von der Babysitterin. Und danach dauert es (5) .... zehn bis

zwanzig Minuten, (6) .... sie dann endlich schläft.

3 Mein Traumhaus – Welche Präpositionen passen? Markieren Sie.

1. Meine Wohnung liegt weit über/in/unter der Stadt auf einem kleinen Hügel.

2. Auf/Gegenüber/Durch von meinem Haus ist ein alter Wald.

3. Zu/Unter/Nach den Bäumen gibt es viele Blumen.

4. Zwischen/Innerhalb/In dem Wald und meinem Haus ist eine grüne Wiese.

5. Nach/Zu/Hinter dem Haus ist ein großer Spielplatz.

6. In/Auf/Bei meiner Wohnung gibt es viel Platz.

7. Im Sommer stelle ich das Bett zwischen/bei/auf die Terrasse.

8. Den Schreibtisch habe ich innerhalb/durch/in die Küche vor/nach/zu das Fenster gestellt.

4 Schreiben Sie zu jedem Wort einen Satz mit einer lokalen Präposition aus dem Kasten.

das Auto   die Garage

die Katze   der Hund

die Mülltonne   das Fahrrad

der Topf   die Blumenvase

die Frau   der Gartenzwerg

Außerhalb des Gartens ist die Katze nicht sicher.

Sätze verbinden: Haupt- und Nebensatz

Diese Konnektoren leiten Nebensätze ein:
als, bevor, bis, da, damit, dass, nachdem, ob, obwohl, seit, seitdem, während, weil, wenn
- In Nebensätzen steht das konjugierte Verb am Ende.
- Wenn ein Nebensatz vor dem Hauptsatz steht, steht im Hauptsatz das Verb am Anfang.
- Zwischen Hauptsatz und Nebensatz steht immer ein Komma.

1 Sich selbstständig machen – Ergänzen Sie die fehlenden Konnektoren.

als   ~~bevor~~   dass   obwohl   seit   weil   wenn

1. Ich habe lange überlegt, _bevor_ ich mein eigenes Geschäft eröffnet habe.

2. Ich bin der Meinung, ... es eine gute Idee war, mich selbstständig zu machen.

3. .... man sich selbstständig macht, sollte man sich vorher gut informieren.

4. Es gibt viele Gründe für die Selbstständigkeit. Ich habe mich dazu entschlossen, ... ich gerne meine eigene Chefin sein wollte.

5. Unterstützung ist sehr wichtig! .... ich mich selbstständig gemacht habe, haben mir meine Freunde und die Familie sehr geholfen.

6. .... ich nicht mehr als Angestellte arbeite, habe ich viele neue Herausforderungen.

7. Ich habe meine Entscheidung nicht bereut, ... ich jetzt mehr viel arbeite als früher.

2 Janas Bewerbung

a **Hauptsatz vor Nebensatz – Verbinden Sie die Sätze wie im Beispiel.**

1. Jana hat sich gut informiert. Sie hat ihre Bewerbung abgeschickt. (bevor)
   Jana hat sich gut informiert, bevor sie ihre Bewerbung abgeschickt hat.

2. Sie war sehr nervös. Sie hat auf eine Antwort gewartet. (während)
   ....

3. Sie hat sich gefreut. Sie wurde zu einem Vorstellungsgespräch eingeladen. (als)
   ....

4. Sie war überglücklich. Sie hatte die Stelle bekommen. (nachdem)
   ....

5. Janas Leben hat sich sehr verändert. Sie hat im neuen Betrieb angefangen. (seitdem)
   ....

6. Ihre neuen Kollegen und Kolleginnen sind sehr hilfsbereit. Jana hat Fragen. (wenn)
   ....

b **Schreiben Sie die Sätze aus 2a noch einmal. Stellen Sie den Nebensatz vor den Hauptsatz.**

   11. Bevor sie ihre Bewerbung abgeschickt hat, hat sich Jana gut informiert.

Zweck und Ziel ausdrücken: *um zu* und *damit*

> Mit *um zu* + Infinitiv und *damit* + Nebensatz drückt man einen Zweck oder ein Ziel aus.
> *um zu* kann man nur benutzen, wenn das Subjekt im Hauptsatz und im Satz mit *um zu* gleich ist.
> *Ich kaufe das Buch, um es zu lesen. (= Ich kaufe das Buch. Ich will das Buch lesen.)*
> *Ich schenke dir das Buch, damit du es liest. (= Ich schenke dir das Buch. Du sollst es lesen.)*

1 Familie Baldauf verreist. Verbinden Sie die Sätze.

1. Max und Mara Baldauf buchen eine Pauschalreise,
2. Sie lassen sich im Reisebüro beraten,
3. Die Reisekauffrau beschreibt die Angebote genau,
4. Die Baldaufs entscheiden sich für Urlaub am Meer in Griechenland,
5. Sie buchen nur Halbpension,
6. Die Reisekauffrau rät zu einer Reiseversicherung,
7. Die Baldaufs reservieren einen Mietwagen,
8. Frau Baldauf lernt ein bisschen Griechisch,

a) um einen guten Service zu bekommen.
b) um ein paar Worte in der Landessprache sagen zu können.
c) um sich von Anfang an erholen zu können.
d) um ein bisschen flexibler zu sein.
e) damit Familie Baldauf im Notfall ihr Geld zurückbekommt.
f) damit die Kinder jeden Tag baden können.
g) damit Familie Baldauf gut informiert ist.
h) um die Umgebung zu erkunden.

2 Warum lernen Sie Deutsch? Schreiben Sie Sätze mit *um zu* wie im Beispiel.

meine Nachbarn verstehen

mit meinen Schwiegereltern Deutsch sprechen können

mehr Möglichkeiten auf dem Arbeitsmarkt haben

mich einbürgern lassen   Urlaub in Deutschland machen

die B2-Prüfung bestehen   mit deutschen Geschäftskollegen sprechen

1. Ich lerne Deutsch, um meine Nachbarn zu verstehen.

3 Eine Bewerbung als Reiseleiter – Verbinden Sie die Sätze mit *um zu* oder *damit*. Manchmal geht beides.

1. Ralf bewirbt sich auf die Stelle als Reiseleiter. Er kann im Ausland arbeiten.

   Ralf bewirbt sich auf die Stelle als Reiseleiter, um im Ausland arbeiten zu können.
   Ralf bewirbt sich auf die Stelle als Reiseleiter, damit er im Ausland arbeiten kann.

2. Er lässt seine Bewerbung von einer Freundin durchlesen. Die Bewerbung enthält keine Fehler.

   ....

3. Er lässt ein Foto im Fotostudio machen. Er macht einen professionellen Eindruck.

   ....

   ....

4. Er sendet seine Bewerbungsunterlagen per E-Mail. Es geht schneller.

   ....

5. Er schickt seine Zeugnisse mit. Der Arbeitgeber kann sich ein Bild von seinen Kenntnissen machen.

   ....

6. Sprachzertifikate sind wichtig. Die Bewerber weisen das Niveau ihrer Sprachkenntnisse nach.

   ....

Nomen: maskulin, neutrum oder feminin?

> Maskulin, neutrum oder feminin – das muss man lernen, aber es gibt Hilfen! 🙂
>
> **Immer maskulin: -ant, -eur, -ismus, -ling**
> *der Lieferant, der Masseur, der Tourismus, der Liebling*
>
> **Immer neutrum: -chen, -lein, -ment, -um**
> *das Mädchen, das Tischlein, das Argument, das Zentrum*
>
> **Immer feminin: -enz, -heit, -ik, -ion, -in, -keit, -schaft, -ung**
> *die Existenz, die Klugheit, die Statistik, die Reklamation,*
> *die Chefin, die Tätigkeit, die Eigenschaft, die Entschuldigung*
>
> | **Tipp: Merkwörter helfen.** |
> | --- |
> | **der** Anteurismusling |
> | **das** Chenleinmentum |
> | **die** Heitionkeitungzikinschaften |

1 Wörter zum Thema *Teamarbeit* – Ergänzen Sie die Artikel.

1. *die* Kompromissbereitschaft
2. .... Tagesordnung
3. .... Kritik
4. .... Protokollant
5. .... Ingenieur

6. .... Mannschaft
7. .... Verbesserung
8. .... Dokument
9. .... Kompetenz
10. .... Innovation

2 Protokoll einer Teamsitzung – Ergänzen Sie die Artikel in der passenden Form.

	Sg.			Pl.
	m	n	f	
Nom.	der	das	die	die
Akk.	den	das	die	die
Dat.	dem	dem	der	den -n
Gen.	des -s	des -s	der	der

Protokoll der Teamsitzung vom 17.2.20...

1. **TOP 1:** Die Mitarbeiter und Mitarbeiterinnen des Monats: Herr Novak ist *der* erfolgreichste Verkäufer, Frau Sommerer ist .... erfolgreichste Einkäuferin. Frau Sommerer ist .... Verbesserung .... Sortiments in sehr kurzer Zeit gelungen.

2. **TOP 2:** .... neueste Statistik zeigt: .... Konsument legt Wert auf .... Nachhaltigkeit der Produkte.

3. **TOP 3:** .... Werbeabteilung muss .... Aktion mit der Influencerin um einen Monat verschieben.

4. **TOP 4:** Aus .... Produktion: .... Experiment mit .... neuen Verpackung war erfolgreich, ... Qualität ist dabei gleich geblieben

5. **TOP 5:** Export: Herr Murkbach ist in Zukunft für .... Korrespondenz mit China zuständig.

6. **TOP 6:** Frau Bahlsen wird das IT-Team in Zukunft unterstützen. .... Beschäftigung mit Problemen .... Informatik war schon immer ihr Hobby, und von allen Bewerberinnen und Bewerbern hatte sie .... größte Kompetenz.

Im Deutschen ändern sich die Artikel im Akkusativ, Dativ und Genitiv.
Die Endungen der Nomen bleiben meistens gleich. Ausnahmen:

Dativ Plural: -n

der Mann → die Männer → mit den Männer**n**
das Kind → die Kinder → mit den Kinder**n**
die Hand → die Hände → mit den Hände**n**

⚠ Ausnahme: Nomen mit Pluralendung -s: die Autos → mit den Autos, die Taxi → mit den Taxis, ...

Genitiv Singular: -(e)s
der Freund → des Freund**es**   das Geschäft → des Geschäft**s**

n-Deklination

Nom.   der Kolleg**e**   der Journalist
Akk.   den Kolleg**en**   den Journalist**en**
Dat.   dem Kolleg**en**   dem Journalist**en**
Gen.   des Kolleg**en**   des Journalist**en**

Zur n-Deklination gehören maskuline Nomen mit den Endungen -e, -ist, -ent, -ant, -at:

-e   der Kollege   **-ant**   der Praktikant
-ist   der Journalist   **-at**   der Kandidat
-ent   der Student   **Andere:** der Mensch, der Herr, der Nachbar

1 Trends im Handwerk – Ergänzen Sie die Endungen, wo nötig.

1. Die Zukunft des Handwerk............ ist gesichert, denn das Handwerk braucht man immer.

2. Vor der Gründung eines Betrieb............ sollte man wegen eines Kredit............ mit verschiedenen

   Bank............ verhandeln.

3. Die Auswahl des Ausbildungsberuf............ ist eine wichtige Entscheidung im Leben.

4. Der Ruf des deutschen Mittelstand............ ist aufgrund der dualen Ausbildung............ international sehr gut.

5. Die Kommunikation mit den Kund............ wird immer wichtiger.

6. Manche Betriebe versuchen, mit höheren Löhne............ neue Angestellte zu gewinnen.

2 n-Deklination – Ergänzen Sie -(e)n, wo nötig.

1. Zurzeit mache ich ein Praktikum in einer internationalen Firma. Ich arbeite mit einem (1) Deutsche............,

   einem (2) Syrer............, (3) einem Pole............, einem (4) Italiener............ und einem (5) Russe............

   zusammen. Der (6) Praktikant............ aus Italien ist am beliebtesten, denn er ist ein (7) Spezialist............

   für den (8) Kaffeeautomat............, der dauernd kaputt ist. Nur er kann ihn reparieren!

2. Mein (1) Kollege............ ist der (2) Kandidat............ für die Auszeichnung „Mitarbeiter des Monats", weil

   er immer sehr gute Einkaufspreise aushandelt. Er hat sehr gute Kontakte zu dem (3) Lieferant............,

   (4) Herr............ Feist. Er ist für (5) Herr............ Feist der beste (6) Kunde............ Wenn er gewinnt, lädt er

   unser Team, also seinen (7) Assistent............, (8) einen weiteren Kolleg............ und mich, auf ein Bier ein.

6 Arbeit in der Metropolregion

nach 1

1 **Wortschatz wiederholen und erweitern – Schreiben Sie die Wörter in die Tabelle wie im Beispiel. Ergänzen Sie weitere Wörter.**

~~Zug~~ • Wiese • Bürgeramt • Baum • Wald • Museum • Straßenbahn • Blume • Bahnhof • Fluss • Grundschule • Gericht • Bach • Oper • Universität • Konzerthalle • Stau • Taxi • Feld • Tier • Rathaus • Polizei • Touristeninformation • Versicherung • Schloss • Haltestelle • Burg • Galerie • Wagen • U-Bahn • Theater • Rockkonzert • Ufer • Arbeitsamt • Altersheim • Beratungsstelle • Sekundarschule • Vogel • Gymnasium • Krankenhaus • Fotoausstellung • Berufsschule • Bus • Berg • Verbraucherzentrale

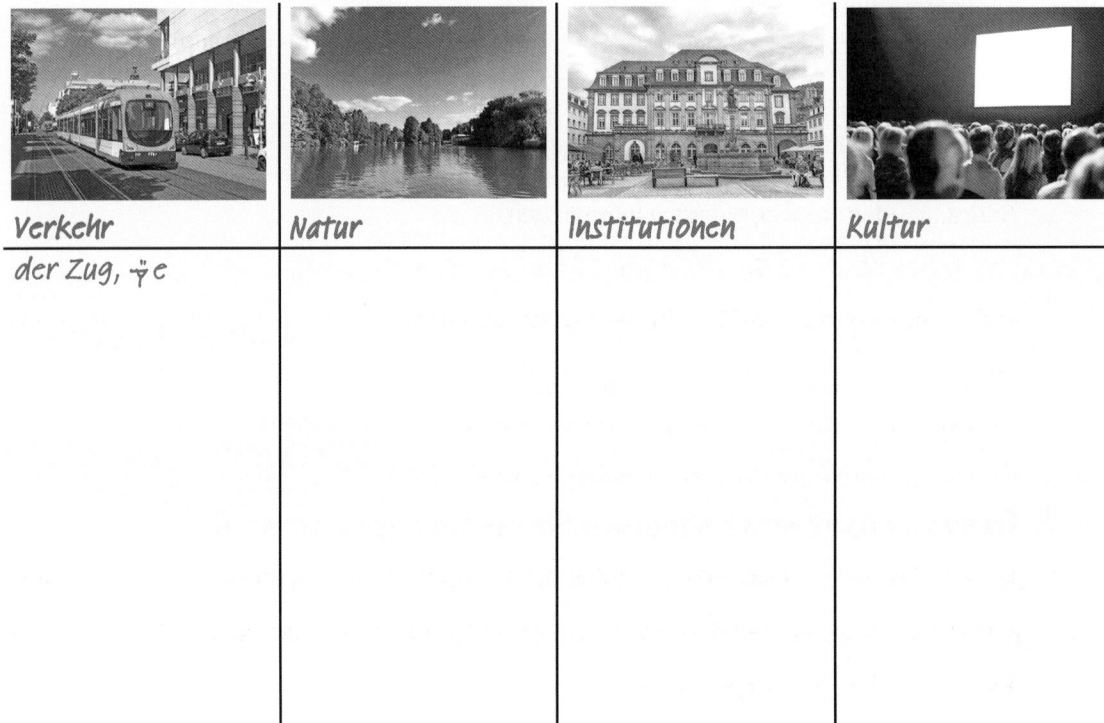

Verkehr	Natur	Institutionen	Kultur
der Zug, ⸚e			

nach 2

2 **Die Metropolregion Rhein-Neckar – Ordnen Sie zu.**

1. schwärmen für
2. der Betrieb
3. schrumpfen
4. ökonomisch
5. eine attraktive Region
6. billiger Wohnraum
7. etwas bezweifeln
8. von etwas profitieren
9. Zeit und Kraft kosten
10. der steigende Fachkräftebedarf

a) anstrengend sein
b) die Firma
c) wirtschaftlich
d) etwas nutzt jemandem
e) etwas wunderbar finden
f) weniger, kleiner werden
g) Wohnungen mit günstigen Mieten
h) sich bei einer Sache nicht sicher sein
i) man braucht mehr qualifiziertes Personal
j) eine Gegend, in der man gut leben kann

3 Nomen-Verb-Verbindungen – Ergänzen Sie die Verben in der richtigen Form.

nehmen   führen   ~~machen~~   kommen   leisten   tragen   nehmen

Schon früh habe ich mir Gedanken darüber (1) _gemacht_____, was ich später einmal werden

will. Dabei hat mir meine Lehrerin viel Hilfe (2) _____. Sie hat oft Gespräche mit mir

(3) _____ und mich auch auf die Berufsinformationsportale im Internet

hingewiesen. Da konnte ich dann gleich die Berufe ausschließen, die für mich nicht in Frage

(4) _____. Meine Eltern haben auf meine Entscheidung keinen Einfluss

(5) _____ und mir viel Freiheit gelassen. Sie werden mich auch finanziell unterstützen,

damit ich die Kosten für meine Ausbildung nicht allein (6) _____ muss. Trotzdem werde

ich in den nächsten Jahren sparsam leben müssen. Aber das (7) _____ ich gerne in Kauf.

4 Wiederholung: Präpositionen – Welche Präpositionen passen? Markieren Sie.

Ich möchte Ihnen eine Region (1) über / in / auf

Deutschland vorstellen, die ich sehr schätze: Den

Bayrischen Wald, den Sie (2) auf / an / unter dem Bild

rechts sehen können. Der Bayrische Wald ist touristisch

sowohl (3) beim / am / im Sommer als auch (4) durch /

für / im Winter interessant (5) von / bei / für Menschen,

die die freie Natur lieben. Hier kann man stundenlang

(6) durch / gegen / mit die Wälder wandern oder Ski

laufen, ohne einen Menschen zu treffen. Der Bayrische Wald liegt (7) vor / für / an der Grenze zu Tschechien

und zu Österreich. Es gibt dort einen Berg, (8) auf / ohne / zwischen dem die Grenzen dieser drei Länder

sich treffen. Er heißt Dreisessel.

5 Wohnort und Arbeitsplatz: Was sollte man beachten? – Ordnen Sie den Kurzvortrag.

.... hängt natürlich von verschiedenen Faktoren ab. Wenn man Kinder hat,

.... Abschließend möchte ich betonen, dass die Wahl des Wohnorts eine individuelle Entscheidung ist.

.... Eltern brauchen gute Schulen in der Nähe, Singles Möglichkeiten, abends auszugehen. Wenn man

    wegen der Arbeit

_1_ Ich möchte Ihnen heute einige Gedanken zum Thema „Wohnort und Arbeitsplatz – Was sollte man

    beachten?" vorstellen. Darin

.... wichtig ist aber natürlich, wo es günstigen Wohnraum gibt.

.... sind einem andere Dinge wichtig, als wenn man jung ist und Single.

.... Vielen Dank für Ihre Aufmerksamkeit.

.... geht es um die Frage, was zählt, wenn man sich für einen Wohnort und einen Arbeitsplatz

    entscheidet. Das

.... in eine neue Stadt ziehen muss, aber der oder die Liebste woanders lebt, ist es praktisch, nah am

    Bahnhof oder am Flughafen zu wohnen. Besonders

nach 3

6 Sich bewerben

a Die Bewerbungsunterlagen – Welche Kombinationen passen nicht? Streichen Sie durch.

1. Stellen   profil • ~~foto~~ • ausschreibung • anzeige

2. Bewerbungs   schreiben • lebenslauf • mappe • foto

3. Arbeits   schein • zeugnis • suche • stelle

4. Seminar   arbeit • angebot • universität • ausschreibung

5. Praktikums   bescheinigung • bericht • ausbildung • vertrag

6. Abschluss   prüfung • bericht • stelle • zeugnis

b Notieren Sie die möglichen Kombinationen mit Artikel und Plural.

das Stellenprofil, –e, die Stellenausschreibung, –en, ...

c Ergänzen Sie die Stellenanzeige.

Auzubildende   Serviceorientierung   Gespür   ~~begeistert~~

sympathischen   geschickt   Informationen   Gehen

Schönheitssalon Inanna

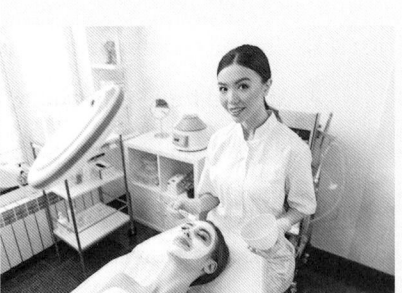

- Sind Sie (1) *begeistert* .... von Schönheit?

- (2) .... Sie gerne mit Menschen um?

- Haben Sie ein (3) .... für Farben?

- Sind Sie (4) .... mit Ihren Händen?

- Ist (5) .... kein Fremdwort für Sie?

- Arbeiten Sie gerne in einem (6) .... Team?

Dann sind Sie bei uns richtig!

Wir suchen (7) .... (m/w) für den Beruf der Kosmetikerin / des Kosmetikers.

Mehr (8) .... unter der Telefonnummer ...

d Wiederholung: Indirekte Fragen – Schreiben Sie die indirekten Fragen zu der Stellenanzeige.

1. Ich möchte wissen, // wann / die Ausbildung / beginnen / .
2. Mich interessiert, // wie lange / die Probezeit / dauern / .
3. Können Sie mir sagen, // ob / es / geben / noch andere Auszubildende / in Ihrem Betrieb / ?
4. Ich würde gerne noch erfahren, // wie viele Tage pro Woche / in die Berufsschule / gehen / man / .
5. Bitte sagen Sie mir, // wie lange / sein / die wöchentliche Arbeitszeit / .
6. Bitte informieren Sie mich darüber, // wie viele Urlaubstage / haben / man / im Jahr / .
7. Bitte erklären Sie mir, // welche Voraussetzungen / brauchen / für diese Ausbildung / man / .
8. Darf ich Sie fragen, // was / man / verdienen / im ersten Ausbildungsjahr / ?
9. Ist schon klar, // wo / die Ausbildung / stattfinden / ?
10. Eine wichtige Frage für mich ist, // ob / neben der Ausbildung / arbeiten / dürfen / man / .

1. Ich möchte wissen, wann die Ausbildung beginnt.

e In dem Anschreiben sind 12 Fehler: Zwei Fehler bei der Groß- und Kleinschreibung, vier Rechtschreibfehler und sechs Grammatikfehler.
In jeder Zeile ist ein Fehler. Markieren und korrigieren Sie die Fehler.

~~Seer~~ geehrte Frau Elhendawy,

Sehr ....

mit großem Interesse habe ich ihre Stellenanzeige gelesen. Die Anzeige hat

....

mich sofort angesprocht, weil ich mich für den Beruf des Kosmetikers

....

interesiere.

....

Hiermit bewerbe ich mir deshalb bei Ihnen für die Ausbildung.

....

Im Juli werde ich der Sekundarschule abschließen.

....

Meine Freundinnen lassen sich gerne von mich schminken, deshalb habe ich

....

schon viel Übung. Ein zweiwöchiges Praktikum in ein Schönheitssalon hat mir

....

gezeigt, dass ich gut mit Kund*innen umgehen kann. Dort samelte ich

....

erfahrungen sowohl in der Beratung als auch im Verkauf.

....

Über eine Einladung zu einem Gespräch freue ich mich sehr.

....

Mit freundliche Grüßen

....

Sascha Morio

nach 4

7 Der Arbeitsvertrag – Welche Verben passen nicht? Streichen Sie sie durch.

1. Sie können den Vertrag jetzt ~~verdienen~~ / schließen / unterschreiben.
2. Das Regelstudium dauert / kommt / umfasst sechs Semester.
3. Die Vergütung heißt / beträgt / ist monatlich 900 €.
4. Die Firma verpflichtet sich / ist bereit / passiert, den Studierenden vielfältige Erfahrungen zu vermitteln / ermöglichen / machen.
5. Mitarbeiter der Firma und Studierende sprechen / diskutieren / teilen regelmäßig über die Fortschritte im Studium und im Betrieb.
6. Bei Krankheit müssen die Studierenden der Firma eine ärztliche Bescheinigung zuschicken / zusenden / mitkommen.
7. Die Dauer des Urlaubs richtet sich nach / folgt / führt den gesetzlichen Bestimmungen.
8. Wird das Vertragsverhältnis frühzeitig passiert / gelöst / beendet, können die Firma oder die Studierenden Schadenersatz folgen / verlangen / fordern.

nach 5

8 Wiederholung: *darüber, dazu, darum* … – Einen Betriebsausflug planen. Schreiben Sie.

1. ● wir / müssen / nachdenken über / , // ob / wir / fahren / mit dem Bus oder mit dem Zug / .
2. ○ wir / doch / schon / sich entschließen zu (Perfekt) / , // mit dem Bus / zu / fahren / .
3. ● mich / niemand / informieren über (Perfekt) / .
4. ○ ich / schon / sich kümmern um (Perfekt) / .
   ich / warten auf / , // dass / das Busunternehmen/ ein Angebot / schicken / .
5. ● ich / mich freuen über / , // das / zu / erfahren / .
   wir / noch / diskutieren über / müssen / , // wo / wir / zu Mittag / essen.
6. ○ ich / mich freuen auf / schon sehr / !

1. Wir müssen darüber nachdenken, ob wir mit dem Bus oder mit dem Zug fahren.

Ihr Wortschatz

Nomen

die Änderung, -en ....

die Anlage, -n ....

der Arbeitsmarkt, -̈e ....

der Arbeitsvertrag, -̈e ....

der Aspekt, -e ....

die Ausbildungsdauer *(Sg.)* ....

der Bedarf *(Sg.)* ....

die Begrenzung, -en ....

der Bereich, -e ....

die Bescheinigung, -en ....

die Bevölkerung, -en ....

der Druck *(Sg.)* ....

der Einfluss, -̈e ....

der Fachkräftebedarf *(Sg.)* ....

der Gedanke, -n ....

die Gemeinde, -n ....

die Kraft *(Sg.)* ....

der Kündigungsgrund, -̈e ....

die Laufzeit, -en ....

der Markt, -̈e ....

die Methode, -n ....

das Motiv, -e ....

der Nahverkehr *(Sg.)* ....

die Region, -en ....

die Ruine, -n ....

die Semesterferien *(Pl.)* ....

die Struktur, -en ....

die Studiengebühren *(Pl.)* ....

die Vereinbarung, -en ....

der Vertragsbeginn *(Sg.)* ....

die Voraussetzung, -en ....

die Zuwanderung, -en ....

Verben

beeinflussen ....

brennen ....

betragen ....

bezweifeln ....

(sich) integrieren ....

(Hilfe) leisten ....

profitieren (von +D.) ....

reizen ....

(sich) richten an (+ A.) ....

sanieren ....

schwärmen
(für + A., von + D.) ....

unterstützen ....

(sich) verpflichten
(zu + D.) ....

Adjektive

altersmäßig ....

attraktiv ....

betrieblich ....

dual ....

einheimisch ....

knapp ....

qualifiziert ....

öffentlich ....

ökonomisch ....

überdurchschnittlich/
unterdurchschnittlich ....

unabhängig ....

überzeugt (von + D.) ....

vielfältig ....

wertvoll/wertlos ....

wirtschaftlich ....

9 Welche Wörter aus „Ihr Wortschatz" passen zu „Arbeitsvertrag",
welche zu „Studium"? Ergänzen Sie weitere Wörter.

der Arbeitsvertrag, ⸚e

die Vereinbarung, –en

das Studium

die Methode, –n

10 Ergänzen Sie die Sätze mit Verben aus „Ihr Wortschatz" in der richtigen Form.

Das Angebot der Integrationshelfer (1) .... sich an alle, die neu in unserer Gemeinde

sind. Dieses Angebot soll Migrant/innen dabei helfen, sich schnell hier zu (2) ....

Die Kosten für dieses Programm (3) .... tausend Euro mehr, als wir zuerst

erwartet hatten. Aber alle in der Gemeinde (4) .... davon. Niemand

(5) ...., dass dieses Programm sich lohnt. Die Gemeinde hat sich deshalb dazu

(6) ...., es auch im nächsten Jahr zu finanzieren.

11 Für Ihren Alltag – Schreiben Sie in Ihrer Sprache.

Ich mache mir Gedanken wegen …

Das nehme ich gerne in Kauf.

In meinem Vortrag geht es um …

Was mir besonders bei uns in … gefällt, ist …

Als Nächstes möchte ich über … sprechen

Zum Schluss möchte ich noch erwähnen, dass …

An Ihrem Unternehmen reizt mich besonders …

Aufgrund meiner beruflichen Erfahrungen glaube ich, …

Wie lange dauert die Ausbildung/Probezeit?

Wie ist die Arbeitszeit geregelt?

Ich freue mich auf das Gespräch.

Was passiert, wenn ich kündige?

12 Ihre Wörter und Sätze – Schreiben Sie.

Ihre Sprache:

Deutsch:

13 Ihr Text – Beschreiben Sie eine Region, die Sie attraktiv finden.

 Schreiben Sie in Ihr Heft.

Eine der schönsten Regionen Deutschlands ist für mich die Mecklenburgische Seenplatte.
Man kann dort …

7 Berufe im Gesundheitswesen

nach 2

1 Gesundheit und Gesundheitsberufe

a Welches Wort passt nicht in die Reihe? Streichen Sie es durch.

1. die Kapsel • das Dragee • ~~die Grippe~~ • die Tablette

2. der Apotheker • der Masseur • die Logopädin • die Krankenkasse

3. die Bewegung • das Knie • das Schienbein • der Ellbogen

4. die Grippe • das Rheuma • die Kopfschmerzen • die Stirn

5. der Husten • der Schnupfen • die Arznei • die Erkältung

6. der Nacken • die Behandlung • der Rücken • der Hals

b Lösen Sie das Kreuzworträtsel.

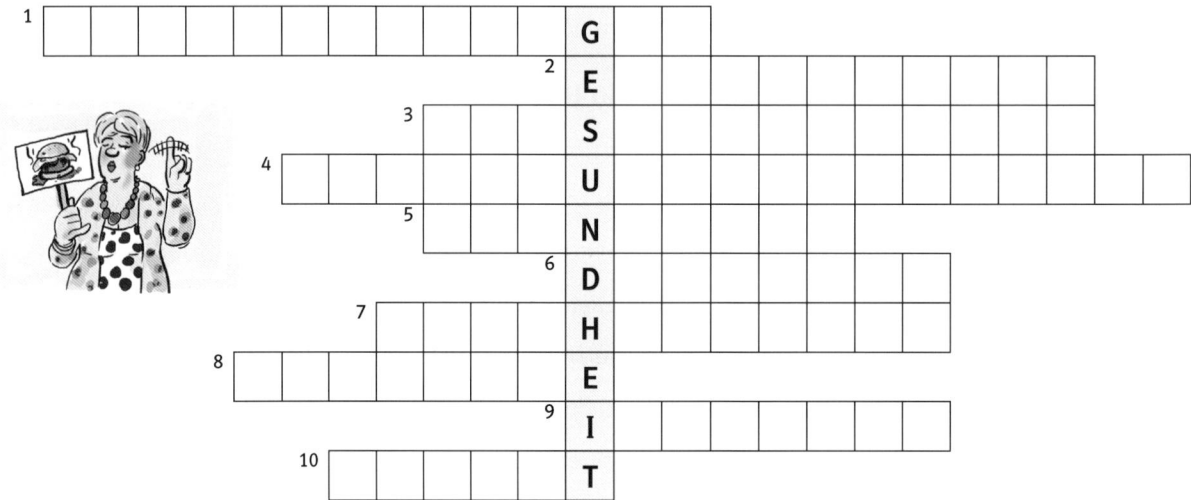

1. Er versorgt die Patienten im Krankenhaus, ist aber kein Arzt.
2. das Gegenteil von Stress
3. eine Behandlung des Körpers, z. B. bei Rückenschmerzen
4. Sie gibt Hinweise, wie man gesund essen kann.
5. eine Krankheit, bei der man oft niesen muss
6. das Ergebnis einer ärztlichen Untersuchung
7. Sie arbeitet in der Arztpraxis, nimmt Blut ab oder vereinbart Termine mit den Patienten.
8. Maßnahme, um eine Krankheit gar nicht erst zu bekommen
9. Dieses Dokument gibt Auskunft über die Impfungen einer Person.
10. darauf steht, welche Medikamente man einnehmen soll

2 Wiederholung: *weil, denn* und *deshalb* – Verbinden Sie die Sätze. Achten Sie auf die Verbposition.

1. Vorsorge ist wichtig. Die Krankenkassen bieten sie an.
2. Marga macht Yoga. Sie will sich entspannen.
3. Kai achtet auf seine Ernährung. Er findet das sehr wichtig.
4. Oliver hat Rückenschmerzen. Er besucht einen Physiotherapeuten.
5. Sara sucht ihren Impfpass. Sie braucht eine Impfung.
6. Leo spricht mit der Krankenkasse. Er möchte einen Zuschuss beantragen.

1. Vorsorge ist wichtig, deshalb bieten die Krankenkassen sie an.

3 Eine Diskussion – Wo passen die Ausdrücke? Ordnen Sie zu.

~~Gesundheit heißt für mich~~

Viele Leute meinen zwar

Das sehe ich ganz anders

meiner Ansicht nach

natürlich wäre es gut

Ich bin da geteilter Meinung

Das stimmt natürlich

Einerseits

andererseits

- (1) *Gesundheit heißt für mich* ...., dass ich mich physisch und psychisch wohlfühle.

○ (2) ...., dass es reicht, körperlich gesund zu sein. Aber ich denke

wie Sie, es ist wichtig, sich rundum wohlzufühlen. Für mich ist es zum Beispiel ganz wichtig, viel Sport

zu treiben. (3) .... trainiere ich da meinen Körper,

(4) .... tut es mir auch psychisch gut, weil ich beim Sport am besten

abschalten kann.

▲ (5) ....! Wenn ich nach der Arbeit noch zum Sport gehen soll,

bedeutet das für mich Stress. Entspannung ist für mich ein Bad oder ein Spaziergang.

- (6) .... Sport ist sehr wichtig, aber er kann auch zu Stress werden,

z. B. wenn man Leistungssport betreibt und wegen der Wettkämpfe immer unter Erfolgsdruck steht.

○ (7) ...., aber Bewegung tut (8) ....

immer gut!

▲ Ja, (9) ...., jeden Abend Sport zu machen. Aber mir fehlt leider

einfach die Zeit dazu.

nach 3

4 Ergänzen Sie die Texte.

Wunde   lagern   Schmerzen   akuten   Pflegebericht

Operation   Spritze   ambulant   stationär   Anästhesie

Der Patient wurde mit (1) .... Magenschmerzen ins Krankenhaus gebracht.

Er wurde dort (2) .... behandelt. Vor der (3) ....

bekam er von der Fachärztin für (4) .... eine Spritze.

Der alte Herr von nebenan wurde nach seinem Unfall in einer Arztpraxis (5) ....

behandelt. Er hat eine (6) .... am Bein und muss sein Bein ruhig

(7) .... Im (8) .... steht, dass er in der Nacht

starke (9) .... hatte. Deshalb bekam er heute von der Pflegerin eine

(10) ....

5 Infinitiv mit oder ohne *zu*? – Kreuzen Sie an.

1. Sie möchte nur von dieser Ärztin ⓐ behandelt zu werden ⓑ behandelt werden.

2. Es ist ihr wichtig, ein gutes Vertrauensverhältnis zu ihrer Ärztin ⓐ haben ⓑ zu haben.

3. Nicht alle Patienten haben die Chance, sofort einen Termin ⓐ bekommen ⓑ zu bekommen.

4. Manche müssen mehrere Wochen auf einen Termin ⓐ warten ⓑ zu warten.

5. Der Pfleger hat vor, eine Weiterbildung ⓐ zu machen ⓑ machen.

6. Er findet es wichtig, immer auf dem neusten Stand ⓐ sein ⓑ zu sein.

7. Ärzte sind verpflichtet, die Schweigepflicht ⓐ einzuhalten ⓑ einhalten.

8. Sie dürfen nicht über die Krankheiten ihrer Patienten ⓐ zu sprechen ⓑ sprechen.

6 Ausdrücke mit Infinitiv mit *zu* – Schreiben Sie die Sätze wie im Beispiel.

1. Ich habe heute Zeit, (meine kranke Nachbarin, Frau Laurenz, besuchen)
   Ich habe heute Zeit, meine kranke Nachbarin, Frau Laurenz, zu besuchen.

2. Ich versuche, (mir einmal in der Woche Zeit für sie nehmen)
   ....

3. Heute habe ich vor, (ihr Blumen mitbringen)
   ....

4. Ich beabsichtige, (gleich nach der Arbeit hingehen)
   ....

5. Für Frau Laurenz ist es sehr wichtig, (sich austauschen können)
   ....

6. Ich bedaure, (sie nicht häufiger besuchen können)
   ....

7. Für meine Nachbarin ist es nicht so angenehm, (auf Hilfe angewiesen sein)
   ....

8. Sie freut sich schon darauf, nach ihrer Krankheit (wieder selbstständig einkaufen können)
   ....

nach 4

7 Nomen und Verben

a Schreiben Sie passende Verben zu den Nomen. Manche Verben passen mehrmals.

dokumentieren   messen   besorgen   kontrollieren   nachreichen   verständigen

1. den Gesundheitszustand *kontrollieren*..................   4. die Angehörigen ....

2. das Verhalten ....   5. Arzneien ....

3. den Blutdruck ....   6. ein Rezept ....

b Wiederholung: Schreiben Sie mit den Ausdrücken aus 7a Sätze im Passiv Präsens.

   Der Gesundheitszustand wird kontrolliert.

8 Ordnen Sie zu und schreiben Sie die Ratschläge.

1. Das Wichtigste ist,
2. Sie sollten zuerst
3. Später können
4. Besorgen Sie auf jeden Fall zuerst
5. Sie müssen den Arzt darüber informieren,
6. Bitten Sie im Notfall den Apotheker,

a) Sie den Pflegedienstleiter verständigen.
b) welche Medikamente der Patient nicht verträgt.
c) dass Sie jetzt die Ruhe bewahren.
d) Ihnen das Medikament ohne Rezept zu geben.
e) ein neues Rezept vom Arzt.
f) den Arzt benachrichtigen.

Das Wichtigste ist, dass Sie jetzt die Ruhe bewahren.

nach 6

9 Korrigieren Sie den Leserbrief: sechs Fehler bei der Groß- und Kleinschreibung, viermal fehlt *zu* (Infinitv + *zu*).

Sehr geehrte Damen und Herren,

mit großem interesse habe ich den Artikel „Acht Stufen zu einem einfacheren Leben" gelesen.

Aus meiner Sicht ist es sehr wichtig, sich den Alltag leichter machen, denn viele Menschen klagen

heutzutage über Überlastung. Meiner erfahrung nach ist es aber gar nicht so leicht, sich von

Gegenständen zu trennen oder die eigenen Gewohnheiten ändern. Ihre Tipps zum Thema „Ordnung und

Zeitmanagement" finde ich deshalb besonders Nützlich. Nachdem ich im letzten Jahr das Gefühl hatte,

die Dinge bestimmen mich und nicht Ich bestimme die Dinge, habe ich damit begonnen, kleine Dinge

im Alltag ändern. Zum Beispiel hebe ich jetzt nur noch Dinge auf, die ich wirklich brauche. Auch bei

meinen verabredungen bin ich kritischer geworden. Ich bleibe auch mal zu Hause, wenn meine Freunde

ausgehen und ich eigentlich gar keine Lust habe mitgehen.

Zusammenfassend kann ich sagen, dass ich diese Veränderungen positiv bewerte und mich freuen

würde, wenn Sie in Ihrer Zeitschrift weitere Beiträge zu diesem Thema veröffentlichen würden.

Mit freundlichen grüßen

Georg Lemmert

10 Schreiben Sie Sätze mit *es*.

1. wie / gehen / es / dir / ?   *Wie geht es dir?*
2. finden / du / es / hier / zu kalt / ?
3. was / geben / es / heute / zu Essen / ?
4. ich / haben / es / eilig / .
5. gefallen / es / mir / , ein gutes Buch zu lesen.
6. es / ärgern / mich / , dass du immer zu spät kommst.
7. es / freuen / ihn / , dass du ihn besuchst.
8. schön / es / sein / , am Strand spazieren zu gehen.

Ihr Wortschatz

Nomen

die Arznei, -en ....

die Belastung, -en ....

der Blutdruck (Sg.) ....

das Darlehen, – ....

das Durcheinander (Sg.) ....

die Einschätzung, -en ....

das Faktum, Fakten ....

die Früherkennung (Sg.) ....

der Gesundheitscheck, -s ....

das Gleichgewicht (Sg.) ....

das Hospiz, -e ....

der Impfpass, ⸚e ....

die Kapsel, -n ....

der Kontostand, ⸚e ....

der Kreislauf (Sg.) ....

die Lungen-
entzündung, -en ....

der Neid (Sg.) ....

der Orthopäde, -n ....

die Orthopädin, -nen ....

der Pflegebericht, -e ....

die Pflegekraft, ⸚e ....

die Physiotherapie, -n ....

das Prinzip, -ien ....

der Puls (Sg.) ....

die Schulden (Pl.) ....

der Schwindel (Sg.) ....

der Streit (Sg.) ....

die Übergabe, -n ....

der Vorrat, ⸚e ....

die Vorsorge (Sg.) ....

Verben

beabsichtigen ....

befürchten ....

bedauern ....

sich drehen (um + A.) ....

fördern ....

klagen (über + A.) ....

motivieren (zu + D.) ....

verständigen ....

Adjektive

akut ....

ambulant/stationär ....

ansteckend ....

durchschnittlich ....

langfristig/kurzfristig ....

liebevoll ....

nötig/unnötig ....

objektiv/subjektiv ....

überlastet ....

verpflichtend ....

verwirrt ....

zwangsläufig ....

Andere Wörter und Ausdrücke

etwas in den Griff
bekommen ....

etwas als ... betrachten ....

Wert legen (auf + A.) ....

7

11 Ergänzen Sie Verben aus „Ihr Wortschatz" in der richtigen Form.

1. Bei kranken Menschen .... alles .... das Thema Gesundheit.

2. Der ältere Herr hat Rheuma und .... Schmerzen.

3. Die Physiotherapeutin .... ihre Patientin .... täglichen Rückenübungen.

4. Viele Krankenkassen .... Vorsorgemaßnahmen gegen Rückenschmerzen.

5. Im Notfall ist es wichtig, schnell einen Arzt zu ....

6. Die Ernährungsberaterin ...., im Mai an einer Fortbildung teilzunehmen.

12 Ergänzen Sie Adjektive aus „Ihr Wortschatz".

Marcos Mutter ist seit einiger Zeit pflegebedürftig. Trotz seiner Arbeit kümmert Marco sich sehr

(1) .... um sie. Zuerst dachte er, dass er es ohne Unterstützung schafft.

Aber bald merkte er, dass er damit (2) .... war und auf professionelle Hilfe

angewiesen ist. (3) .... fünfmal pro Woche kommt jetzt eine Pflegekraft und

unterstützt ihn. Manchmal ist Marcos Mutter etwas (4) ...., und fragt die

Pflegekraft, wer sie ist. Dann ist viel Geduld (5) ....

13 Für Ihren Alltag – Schreiben Sie in Ihrer Sprache.

Gesundheit heißt für mich, dass …

Meiner Ansicht nach …

Ich bin da geteilter Meinung: …

Das sehe ich anders.

Ich habe die Möglichkeit, …

Was würden Sie mir in der Situation empfehlen?

Das Wichtigste ist, dass …

Besorgen Sie auf jeden Fall zuerst …

Ich finde es nicht so leicht, …

Man hat es einfacher, wenn …

Es ist nie zu spät, …

14 Ihre Wörter und Sätze – Schreiben Sie.

Ihre Sprache: Deutsch:

15 Ihr Text – Berufe im Gesundheitswesen. Wählen Sie einen Beruf.
Welche Vor- und Nachteile sehen Sie? 🖊 Schreiben Sie in Ihr Heft.

Arzthelferin finde ich einen interessanten Beruf. Ich mag es, … Aber es ist auch …

8 In der Gastronomie

nach 2

1 Essen und essen gehen

a Notieren Sie für jedes Adjektiv eine bis zwei mögliche Kombinationen wie im Beispiel. Achten Sie bei den Adjektiven auf die Endungen.

angenehm vegetarisch traditionell		das Menü das Tagesgericht der Duft
mild scharf umfangreich		das Restaurant der Kaffee das Ambiente
günstig würzig lecker		die Speisekarte der Nachtisch der Hunger
reichhaltig indisch erstklassig		der Fisch das Curry die Ente
vegan frisch knusprig süß		
stark riesig		

ein angenehmer Duft, ein angenehmes Restaurant, ein vegetarisches Menü, ...

b Ergänzen Sie Adjektive aus 1a mit den richtigen Endungen. Es gibt verschiedene Möglichkeiten.

● Ich würde heute Abend gerne zum Essen in ein (1) *günstiges* .... Restaurant gehen.

Schau mal, hier ist eine Anzeige von einem (2) .... Restaurant in der Südstadt.

Es wirbt mit einem (3) .... Ambiente. Und sie haben eine

(4) .... Speisekarte. Außerdem bieten sie immer ein (5) ....

Tagesgericht an.

○ Gibt es da denn auch ein (6) .... Gericht? Außerdem hätte ich gerne einen

(7) .... Nachtisch. Und meinst du, in dem Restaurant bekomme ich nach dem

Essen auch einen (8) .... Kaffee?

● Ich denke schon. Komm, wir probieren das einfach mal aus! Ich habe schon einen

(9) .... Hunger!

2 Adjektive nach dem bestimmten Artikel – Ergänzen Sie die Endungen.

Ein Kochkurs

Der (1) engagierte......... Leiter des (2) neu............ Kochkurses

macht seine Sache sehr gut. Die (3) motiviert...........

Teilnehmenden sind ganz gespannt. Das

(4) kompliziertest............ Gericht im (5) ganz............ Kurs ist

der (6) traditionell............ Lammbraten. Der

(7) geduldig............ Kursleiter hilft den (8) unerfahren............

Teilnehmenden. Mit dem (9) süß............ Nachtisch gibt

es keine Probleme. Das (10) lecker............ Essen nach dem (11) gemeinsam............ Kochen ist für die

(12) begeistert............ Hobbyköche der (13) absolut............ Höhepunkt des Abends.

3 Adjektive ohne Artikel – Alles super? Ersetzen Sie in den Restaurantbewertungen *super* jeweils durch die Adjektive unten. Denken Sie an die Endungen.

_____ Chili & Co. _____
- super Service
- super Essen
- super Musik
- super Preise ☺ ☺ ☺ ☺

Jakob K.,
Mainz

__ Weinbar „Vinicultura" __
- super Weinkarte
- super Beratung
- super Ambiente
- super Genuss

Rebecca L.,
Hamburg

günstig   scharf
                          entspannend
     freundlich

umfangreich   angenehm
                    perfekt   erstklassig

Chili & Co.:
– freundlicher Service
– ...

4 Adjektive nach bestimmtem, unbestimmtem oder ohne Artikel – Ergänzen Sie die Endungen.

(1) Leckere......... Gemüsesuppe

Du brauchst zwei (2) rot............ Zwiebeln, ein (3) halb............ Pfund Kartoffeln, einen (4) klein............ Sellerie,

zwei (5) mittelgroß............ Stangen Lauch, fünf (6) groß............ Karotten, 100 Gramm (7) tiefgefroren............

Erbsen und zum Würzen (8) fertig............ Gemüsebrühe, ein (9) frisch............ Lorbeerblatt, (10) schwarz............

Pfeffer und (11) scharf............ Paprikapulver.

Zuerst musst du die (12) rot............ Zwiebeln mit einem (13) scharf............ Messer in (14) klein............ Würfel

schneiden. Dann schälst du das (15) halb............ Pfund Kartoffeln und das (16) übrig............ Gemüse und

schneidest alles klein. Gib ein wenig Öl in einen (17) heiß............ Topf und brate die Zwiebeln an. Gib dann die

(18) gewürfelt............ Kartoffeln und das (19) geschnitten............ Gemüse dazu und lasse alles kurz

anbraten. Bereite so lange mit zwei Litern Wasser eine (20) heiß............ Gemüsebrühe zu und lösche damit

dann das Gemüse ab. Gib das (21) frisch............ Lorbeerblatt dazu. Dann kochen lassen, bis alles gar ist. Mit

dem (22) schwarz............ Pfeffer und dem (23) scharf............ Paprikapulver würzen. Dazu passt frisch

(24) gerieben............ Parmesan, (25) knusprig............ Weißbrot und ein bisschen (26) kräftig............ Olivenöl.

nach 3

5 Das braucht man zum Kochen. – Schreiben Sie die Wörter mit Artikel und Plural.

5.

1.

4.

6.

3.

2.

7.

8.

1. *das Küchenmesser, –*   3. ....   5. ....   7. ....

2. ....   4. ....   6. ....   8. ....

6 Was braucht man zum ...? – Schreiben Sie die Sätze wie im Beispiel.

1. lesen → Brille
2. Auto fahren → Führerschein
3. malen → Farbe
4. wandern → Rucksack
5. schwimmen → Badehose
6. joggen → Laufschuhe
7. reiten → Pferd

1. Zum Lesen braucht man eine Brille.

7 *Damit er besser kochen lernt, ...*

a **Schreiben Sie die Sätze mit *damit*.**

1. er / besser / kochen / lernen /, // ich / meinem Freund / einen Kochkurs / schenken / .
   Damit er besser kochen lernt, schenke ich meinem Freund einen Kochkurs.

2. er / einen Platz in dem Kochkurs / bekommen /, // er / sich / früh / anmelden / müssen / .
   ....

3. die Kursleiterin / alles / in Ruhe / vorbereiten / können /, // sie / eine Viertelstunde vor Kursbeginn / kommen / .
   ....

4. die Teilnehmenden / nichts vergessen /, // sie / ihnen / alle Rezepte / geben /.
   ....

5. ich / auch / von dem Kochkurs / profitieren /, // mein Freund / mit mir / die Gerichte / kochen / .
   ....

6. meine Oma / nicht so oft / kochen / müssen /, // ich / ihr / oft / Essen / mitbringen / .
   ....

b **Markieren Sie in 7a die Subjekte. Schreiben Sie dann die Sätze, in denen die Subjekte identisch sind, mit *um ... zu*.**

2. Um einen Platz in dem Kochkurs zu bekommen, muss er sich früh anmelden.

nach 4

8 Berufliche Kompetenzen

a **Ergänzen Sie die Adjektive beziehungsweise die Nomen mit Artikel.**

Adjektiv	Nomen	Adjektiv	Nomen
1. *verantwortlich*	die Verantwortung	6.	die Belastbarkeit
2.	die Freundlichkeit	7. flexibel	....
3.	die Kreativität	8. teamfähig	....
4.	die Serviceorientierung	9. kräftig	....
5.	das Engagement	10. geschickt	....

b **Welches Verb passt nicht? Streichen Sie es durch.**

1. Waren   überprüfen • bedienen • bestellen
2. gut mit Stress   umgehen können • klarkommen • belasten
3. auf Ordnung   stellen • Wert legen • achten
4. moderne Arbeitsgeräte   benutzen • kochen • bedienen
5. den Verbrauch   kontrollieren • durchführen • dokumentieren
6. Ruhe   stressen • bewahren • schaffen

nach 5

9 Eine Bestellung

a **Ergänzen Sie die passenden Nomen.**

Bestellung   Filialen   Angaben   Leiter   Gastronomie   Garantie

~~Interesse~~   Kalenderwoche   Bemühungen   Pfannen

Anfrage Spezialpfannen für professionelle Induktionsherde

Sehr geehrte Damen und Herren,

mit großem (1) _Interesse_ habe ich in Ihrer Anzeige im Internet gelesen, dass Sie eine

neue Generation von Pfannen für die (2) .... auf den Markt gebracht haben.

Die Testberichte zu diesen (3) .... überzeugen mich. Für unsere Restaurantkette

mit zwanzig (4) .... benötigen wir 100 Pfannen mit 24 cm Durchmesser und 50

Pfannen mit 32 cm Durchmesser.

Könnten Sie diese bis Ende der 35. (5) .... liefern? Und gewähren Sie bei einer

so umfangreichen (6) .... einen Mengenrabatt?

Bitte schicken Sie uns ein Angebot mit (7) .... zu Lieferzeiten, Rabatt und

(8) ....

Vielen Dank für Ihre (9) ....

Mit freundlichen Grüßen

Erhan Dilek, (10) .... Materialbeschaffung

---

b **Die Antwort auf die Bestellung aus 9a – Ergänzen Sie.**

Sehr geehrter Herr Dilek,

vielen Dank f _ür_ Ihre Anfrage. W____ freuen uns üb____ Ihr Interesse an uns_____ Profipfannen.

Die Liefe_____ für die Pfa_____ mit 24 cm Durchm_____ beträgt zurzeit dr____ Wochen, die

Pfa_____ mit 32 cm Durchm_____ können wir sof_____ liefern. Wir gewä_____ Ihnen bei

Ih_____ Bestellung zehn Pro_____ Rabatt. Wir geben ein Ja____ Garantie und freuen u____ auf

Ihren Auf_____ .

Mit freundlichen Grü_____

Melanie Buschkrug, Kundenbetreuung

Ihr Wortschatz

Nomen

das Ambiente *(Sg.)* ....

die Ausdauer *(Sg.)* ....

die Bestellung, -en ....

die Bewertung, -en ....

das Durchsetzungs-
vermögen *(Sg.)* ....

die Flexibilität *(Sg.)* ....

die Forderung, -en ....

das Gericht, -e ....

die Geschicklich-
keit *(Sg.)* ....

der Humor *(Sg.)* ....

der Imbiss, -e ....

die Instand-
haltung *(Sg.)* ....

die Kompetenz, -en ....

der Lieferschein, -e ....

die Lieferung, -en ....

der Mixer, – ....

die Pfanne, -n ....

der Pluspunkt, -e ....

die Psychologie *(Sg.)* ....

die Schürze, -n ....

das Sieb, -e ....

die Sorgfalt *(Sg.)* ....

die Speise, -n ....

die Strategie, -n ....

der Topf, ⸚e ....

der Trend, -s ....

der Verbrauch *(Sg.)* ....

die Vollständigkeit *(Sg.)* ....

die Waage, -n ....

die Zutat, -en ....

Verben

ausliefern ....

braten ....

durchführen ....

fordern ....

sich etwas gönnen ....

hacken ....

nachgeben ....

prüfen ....

reiben ....

rühren ....

schälen ....

schweigen ....

umgehen (mit + D.) ....

vereinbaren ....

Adjektive

akzeptabel ....

bewährt ....

belastbar ....

geschmackvoll ....

kompetent ....

mild/scharf ....

serviceorientiert ....

umfangreich ....

verantwortungsvoll ....

vegan ....

würzig ....

zäh ....

zuständig ....

zuverlässig ....

10 Welche Wörter aus „Ihr Wortschatz" passen zu den Oberbegriffen?
Schreiben Sie sie in eine Tabelle. Ergänzen Sie weitere Wörter.

Essen ist ...	das braucht man zum Kochen	das macht man beim Kochen	berufliche Kompetenzen
geschmackvoll	der Mixer, –	braten	die Ausdauer belastbar

11 Ergänzen Sie passende Wörter aus „Ihr Wortschatz". Manchmal gibt es mehrere Möglichkeiten.

1. Wenn man Steaks brät, muss man darauf achten, dass das Fleisch nicht .... wird.

2. Meine Freundin isst weder Fleisch noch Milchprodukte, weil sie sich .... ernährt.

3. Wenn ich mittags wenig Zeit habe, hole ich mir schnell ein Hähnchen vom ....

4. Beim Essengehen ist mir wichtig, dass die Einrichtung des Restaurants .... ist.

5. Haben Sie die Lieferung auf ihre .... kontrolliert?

6. Bei Verhandlungen ist .... sehr wichtig.

7. Das erste Angebot, das der Großhändler mir gemacht hat, war nicht ....

12 Für Ihren Alltag – Schreiben Sie in Ihrer Sprache.

Ich gehe gerne indisch essen.

Um ... zu kochen, braucht man ...

Für meinen Beruf ist es sehr wichtig, dass man ...

Man sollte natürlich auch belastbar sein.

Das war anders vereinbart.

Ich hatte ausdrücklich darauf hingewiesen, dass ...

Da muss ein Missverständnis vorliegen.

Wäre das eine akzeptable Alternative für Sie?

Vielen Dank für Ihr Entgegenkommen.

13 Ihre Wörter und Sätze – Schreiben Sie.

Ihre Sprache: Deutsch:

14 Ihr Text – Was ist Ihr Lieblingsgericht? Warum? Was braucht man dazu? Wie bereitet man es zu? Wann essen Sie es? ✒ Schreiben Sie in Ihr Heft.

Mein Lieblingsgericht ist Falafel. Es erinnert mich ...

9 Handel international

nach 1

1 Handel früher und heute

a In der Wortschlange finden Sie dreizehn Komposita zum Thema „Handel". Markieren Sie die Komposita und notieren Sie sie mit Artikeln und, wo möglich, der Pluralform.

ungig|großhandel|ntezielgruppeludumweltstandardhaltumijnachfragelaluikterkundenorientierungreriur servicequalitätnmimantdienstleistungiwechselkurslopesinternetauftrittkyproduktqualität ülenmarktlückeckamfirmenstandortuwebseitesat

der Großhandel ....

....

....

....

b Ergänzen Sie die Sätze mit passenden Wörtern aus 1a in der richtigen Form.

Die Firma SKE bietet (1) *Dienstleistungen* ....

für Unternehmen an. Dabei ist uns der Kontakt zu unseren

Kunden, also die (2) ....

besonders wichtig. Auch (3) ....

wird bei uns groß geschrieben: Damit die Qualität von

unserem Service gewährleistet ist, gibt es auf unserer

(4) .... im Internet auch eine

extra Rubrik: „Wie zufrieden sind Sie mit unserem Service?" Die (5) ....

nach unserem Angebot ist in den letzten Jahren so stark gestiegen, dass das Management zurzeit

diskutiert, einen weiteren (6) .... im Ausland zu eröffnen.

Schon jetzt arbeitet ein Team daran, den (7) .... unserer Firma so zu gestalten,

dass er international gut verständlich ist.

nach 2

2 Welche Wörter haben eine ähnliche Bedeutung? Notieren Sie Paare.

~~anpassungsfähig~~   senkrecht   das Gefühl   die Wirkung   provozieren

bildlich   der Effekt   potenziell   hervorrufen   die Emotion

möglicherweise   ~~flexibel~~   vertikal   visuell

anpassungsfähig – flexibel

3 Handel im Netz – Ergänzen Sie den Leserbrief.

Sehr gee*h r t e* Redaktion,

m___ großem Inte_____ habe i___ Ihren Art_____ über

Han_____ im Ne___ gelesen, in d___ Sie un_____ anderem

üb___ den starken Zuw_____ im Onlineh_____ schreiben.

Ei___ weitere Mel_____ las i___ neulich: Au___ Toilettenpapier

u___ Tierfutter wer_____ immer häuf_____ online gek_____.

Ich fr_____ mich: Mu___ das se___? Natürlich i___ es prak_____, wenn m___ alles i___ Haus

geli_____ bekommt, ab____ gleichzeitig ste_____ der Ant_____ der Verpac_____ im

Haus_____ sehr st_____ an. I___ das g___ für uns_____ Umwelt? I___ kann vers_____, wenn

m___ das ei___ oder and_____ online ka_____, weil m___ es so_____ vielleicht ni_____ bekommt

od___ weil es do___ viel güns_____ ist. Ab___ Artikel d___ täglichen Bed_____?

Nein, da hö___ bei m___ das Verst_____ auf!

M___ freundlichen Grü_____

Ludmilla Vero

4 Wiederholung: Konnektoren – Schreiben Sie die Sätze. Achten Sie auf die Verbstellung.

1. Viele Menschen bestellen etwas online. Es ist dort billiger. (weil)
2. Das Angebot ist manchmal auch größer. Der Online-Handel hat Vorteile. (deshalb)
3. Ihre Nachbarin nimmt die Ware an. Aylin ist nicht zu Hause. (wenn)
4. Die Firmen gestalten ihren Internetauftritt interessant. Sie ziehen Kunden an. (damit)
5. Sie verschicken Newsletter. Sie machen auf neue Produkte aufmerksam. (um ... zu)
6. Lino kauft manchmal online ein. Er geht lieber persönlich in die Geschäfte. (obwohl)
7. Seine Frau kauft lieber im Internet ein. Sie wenig Zeit hat. (da)
8. Sie schickt die Ware wieder zurück. Ihr gefällt sie nicht. (falls)

1. Viele Menschen bestellen etwas online, weil es dort billiger ist.

5 *indem, ohne dass, ohne zu*

a **Ein Hotel buchen – Ordnen Sie zu.**

1. Ich beginne die Suche nach einem Hotel,

2. Ich reserviere nicht,

3. Indem ich die Gästebewertungen lese,

4. Oft kann man ein Hotel online reservieren,

5. Indem ich frühzeitig anfange zu suchen,

6. Ich kann mir kaum vorstellen, wie man früher gereist ist,

a) ohne gleich bezahlen zu müssen.

b) verschaffe ich mir einen Eindruck über die Qualität des Hotels.

c) ohne dass man sich vorher im Internet informieren konnte.

d) indem ich im Internet recherchiere.

e) erspare ich mir Hektik kurz vor der Reise.

f) ohne dass ich vorher online verschiedene Hotels angeschaut habe.

b Ergänzen Sie *indem, ohne dass* oder *ohne zu*.

1. _Indem_ du Produkte auf dem Markt kaufst, kannst du die regionale Wirtschaft fördern.

2. Olaf kauft nie etwas, ... vorher im Internet .... recherchieren.

3. Bei uns in der Nähe gibt es viele Läden. Wir können alles einkaufen, ... wir das Auto benutzen.

4. Yazemin hilft ihrer alten Nachbarin, ... sie ihr den Einkauf in die Wohnung trägt.

5. Mit der neuen Kreditkarte kann man kleine Beträge bezahlen, auch .... man seine PIN eingibt.

6. Sie fand das Kleid so schön, dass sie es gekauft hat, ... lange .... überlegen.

nach 4

6 Welches Verb passt nicht? Streichen Sie es durch.

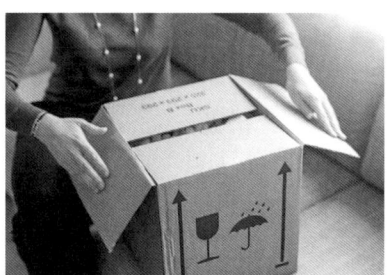

1. einen Mangel   beheben • beseitigen • ~~abziehen~~

2. ein Problem   ausfüllen • lösen • beschreiben

3. die Ware   liefern • auspacken • beheben

4. 10 % vom Kaufpreis   abziehen • schreiben • zurückbekommen

5. eine Rechnung   begleichen • schreiben • halten

6. einen Vertrag   aufsetzen • auspacken • korrigieren

7. die Lieferung   erstellen • vereinbaren • entgegennehmen

8. ein Formular   ausfüllen • benötigen • lösen

9. einen Entwurf   begleichen • erstellen • kommentieren

10. einen Termin   verschieben • halten • überarbeiten

7 Partizip I und II

a Bilden Sie Partizip I und Partizip II der folgenden Verben.

Infinitiv	Partizip I	Partizip II
1. auftreten	_auftretend_	_aufgetreten_
2. auslaufen		
3. beauftragen		
4. benötigen		
5. erledigen		
6. gelten		
7. haben		
8. installieren		
9. korrigieren		
10. transportieren		
11. überarbeiten		

b **Ergänzen Sie die Partizipformen. Denken Sie an die Endungen.**

> Wichtig! An alle Mitarbeitenden im Projekt NT277
>
> Die (1) _installierten_ (installieren) Turbinen funktionierten leider nicht fehlerfrei,
>
> weil die (2) .... (gelten) Normen nicht beachtet wurden.
>
> Neu (3) .... (überarbeiten) Pläne finden Sie im Intranet.
>
> Mit freundlichen Grüßen
>
> Xaver Kranz

> Liebe Frau Seibert,
>
> der (4) .... (korrigieren) Text gefällt mir jetzt viel besser. Bitte schicken
>
> Sie den (5) .... (verbessern) Entwurf an Frau Lenz. Die eigentlich damit
>
> (6) .... (beauftragen) Kollegin, Frau Clio, ist nämlich krank.
>
> Viele Grüße
>
> Lisa Sommer

Das gerade (7) .... (auslaufen) Schiff wurde sofort gestoppt, als bekannt

wurde, dass die darauf (8) .... (transportieren) Waren aufgrund eines

internationalen Abkommens nicht verschifft werden dürfen. Die (9) ....

(Dienst haben) Kapitäne wurden verhaftet.

> Das für eine Reklamation (10) .... (benötigen) Formular finden Sie im Internet
>
> unter www.fomx.el. Bei (11) .... (auftreten) Fragen kontaktieren Sie bitte unser
>
> Service-Center per E-Mail.

nach 5

8 Warum haben sich die Firmen für eine Zusammenarbeit entschieden?
Markieren Sie die passenden Pronomen.

1. Die Firmen können jetzt in vielen Bereichen miteinander / füreinander / einander kooperieren.

2. Sie müssen nicht mehr aufeinander / gegeneinander / übereinander konkurrieren.

3. Die Unternehmen können sogar aneinander / füreinander / voneinander profitieren.

4. Die Geschäftsleitungen haben lange einander / miteinander / zueinander verhandelt.

5. Sie haben sich gut durcheinander / voreinander / übereinander informiert.

6. Auf vielen Gebieten kann die Belegschaft etwas voneinander / aneinander / zueinander lernen.

7. Die Mitarbeiter können miteinander / einander / nacheinander vertrauen.

8. Sie werden auch in Krisenzeiten hintereinander / zueinander / aufeinander stehen.

Ihr Wortschatz

Nomen

die Baustelle, -n	....	die Konsequenz, -en	....
das Bauteil, -e	....	die Kundenorientierung *(Sg.)*	....
die Beleidigung, -en	....	der Mangel, ‟	....
die Beschreibung, -en	....	die Mahnung, -en	....
die Besprechung, -en	....	die Marktlücke, -n	....
die Dienstleistung, -en	....	die Mimik *(Sg.)*	....
der Effekt, -e	....	die Nachfrage *(Sg.)*	....
der Entwurf, ‟e	....	die Nachhaltigkeit *(Sg.)*	....
der Export, -e	....	die Produktion *(Sg.)*	....
die Geste, -n	....	der Umsatz *(Sg.)*	....
die Gestik *(Sg.)*	....	der Umweltstandard, -s	....
der Großhandel *(Sg.)*	....	die Währung, -en	....
die Grundlage, -n	....	der Wechselkurs, -e	....
die Haltbarkeit *(Sg.)*	....	die Zielgruppe, -n	

Verben

ablehnen	....	gelten	....
(gut) ankommen	....	installieren	....
anpassen (an + A.)	....	kommentieren	....
jemanden auffordern	....	provozieren	....
ausliefern	....	recherchieren	....
berücksichtigen	....	etwas/jemanden schätzen	....
bestätigen	....	montieren	....
expandieren	....	überarbeiten	....

Adjektive

abhängig	....	einzigartig	....
aktuell	....	global/lokal	....
anpassungsfähig	....	horizontal/vertikal	....
bewusst	....	online/offline	....

Andere Wörter und Ausdrücke

indem	....	ohne zu	....
ohne dass	....	vor Ort	....

9 Ergänzen Sie passende Verben oder Nomen aus „Ihr Wortschatz".

Verb	Nomen
1.	die Aufforderung
2. besprechen	....
3.	die Bestätigung
4. entwerfen	....
5. exportieren	....
6. produzieren	....
7.	die Recherche
8.	die Überarbeitung

10 Ergänzen Sie passende Verben aus „Ihr Wortschatz". Einige Verben passen mehrmals.

1. einen Entwurf *ablehnen, kommentieren, überarbeiten* ....
2. aufkommende Fragen ....
3. Waren ....
4. eine E-Mail ....
5. eine Reaktion ....
6. ein Computerprogramm ....
7. ein Bauteil ....

11 Für Ihren Alltag – Schreiben Sie in Ihrer Sprache.

Vielleicht geht es darum, dass … ....

Man muss beachten, dass … ....

Die Firma XY produziert … ....

Das Unternehmen bietet Produkte /
Dienstleistungen im Bereich … an. ....

Das Besondere an der Firma ist … ....

Der Umsatz betrug im letzten Jahr … ....

12 Ihre Wörter und Sätze – Schreiben Sie.

Ihre Sprache:	Deutsch:
....	....
....	....
....	....
....	....

13 Ihr Text – Für welche Firma würden Sie gerne arbeiten? Warum? 🖋 Schreiben Sie in Ihr Heft.

Ich finde die Autoindustrie sehr interessant. Deshalb würde ich gern …

10 Rechte und Pflichten

nach 1

1 **Ergänzen Sie die Fragen und die Antworten.**

Arbeitstage   Arzt   Euro   Gehalt   Kernarbeitszeit   krank   Netto

Stunden   *Uhr*   *Urlaub*   verdiene   ~~wöchentliche~~   ungestörte

1. ● Wie lang ist die *wöchentliche* .... Arbeitszeit?

   ○ 38,5 ....

2. ● Von wann bis wann ist die ....?

   ○ Von 9 Uhr bis 15 ....

3. ● Wie viele Tage ....
   habe ich im Jahr?

   ○ 30 ....

4. ● Wie viel .... ich brutto?

   ○ 2800 ....

5. ● Was bleibt vom .... übrig?

   ○ .... bekommen Sie ungefähr 1900 Euro.

6. ● Was muss ich tun, wenn ich .... bin?

   ○ Sie brauchen eine Krankmeldung vom ....

nach 3

2 **Was passt zusammen? Suchen und notieren Sie die Wörter zu 1–12.**

1. das Gegenteil von Arbeitnehmer
2. einige Wochen ohne Arbeit im Jahr
3. oft sind das die ersten drei Monate in einem neuen Arbeitsverhältnis
4. das Gegenteil von Freizeit
5. Man arbeitet, um Geld zu … (Verb).
6. der Lohn, bevor die Steuern und Abgaben abgezogen werden
7. wenn man mehr arbeitet, als im Vertrag steht
8. Dieses Dokument regelt die Löhne und Arbeitsbedingungen in einer Branche.
9. die Vertretung der Arbeitnehmer/innen im Betrieb
10. ein Job, den man neben dem eigentlichen Arbeitsverhältnis macht, z.B. um etwas dazu zu verdienen
11. ein anderes Wort für Lohn
12. die Beendigung eines Arbeitsverhältnisses

~~ARBEIT~~	DIENEN
ARBEITS	~~GEBER~~
BETRIEBS	GUNG
BRUT	HALT
GE	LAUB
KÜNDI	RAT
NEBEN	STUNDEN
PROBE	TÄTIGKEIT
TARIF	TOLOHN
ÜBER	VERTRAG
UR	ZEIT
VER	ZEIT

1. Arbeitgeber, 2. ....

....

....

....

3 Ergänzen Sie die Verben in der passenden Form.

abstimmen   anordnen   betragen   bewahren   einstellen

mitteilen   ~~untersagen~~   vorlegen

1. Die Personalabteilung hat mir meine Nebentätigkeit *untersagt* .

2. Mein monatlicher Bruttolohn .... 2300 €.

3. Unsere Firma hat 20 neue Mitarbeiter/innen ....

4. Sie müssen über betriebliche Angelegenheiten Stillschweigen ....

5. Ich habe meiner Chefin .... , dass ich krank bin.

6. Frau Diaz, Sie haben Ihre Krankmeldung noch nicht ....

7. Unsere Chefin .... ab jetzt keine Überstunden mehr ....

8. In der nächsten Teamsitzung .... wir unsere Urlaubszeiten ....

nach 4

4 Präpositionen mit Genitiv – Ersetzen Sie die markierten Ausdrücke wie im Beispiel.

anlässlich des 60-jährigen Jubiläums   aufgrund ihrer Arbeitsbelastung   außerhalb des Gebäudes

innerhalb von zwei Wochen   trotz der vielen Arbeit   ~~während der Arbeitszeit~~

statt einer Bezahlung   wegen des Feiertags   wegen des Materialmangels

1. Man darf in Deutschland bei der Arbeit nicht rauchen.

   Man darf in Deutschland während der Arbeitszeit nicht rauchen.

2. Obwohl sie viel arbeitet, ist Petra immer gut gelaunt

   ....

3. Können Sie den Auftrag in 14 Tagen erledigen?

   ....

4. Weil wir Materialmangel haben, können wir nicht liefern.

   ....

5. Weil unsere Firma 60-jähriges Jubiläum hat, gibt es eine große Feier im Betrieb.

   ....

6. Sie müssen vor dem Gebäude warten.

   ....

7. Weil am Mittwoch Feiertag ist, nehme ich den Rest der Woche auch frei.

   ....

8. Weil sie zu viel arbeitet, ist sie krank geworden.

   ....

9. Ich lasse mir die Überstunden nicht bezahlen, ich nehme lieber einen Freizeitausgleich.

   ....

5 Schreiben Sie die Sätze wie im Beispiel.

1. Aufgrund *der Kälte können wir nicht* *auf dem Bau arbeiten.*

   die Kälte – Wir können nicht auf dem Bau arbeiten.

2. Anlässlich ....

   der Geburtstag vom Chef – Es gibt eine Firmenfeier.

3. Außerhalb ....

   die Arbeitszeit – Ich darf machen was ich will.

4. Innerhalb ....

   der Betrieb – Politische Werbung ist verboten.

5. Statt ....

   die Frühschicht – Ich mache jetzt die Spätschicht.

6. Trotz ....

   der enge Zeitplan – Wir haben alle Aufträge ausgeführt.

7. Wegen ....

   die hohen Transportkosten – Die Preise steigen.

8. Wegen ....

   die steigenden Preise – Die Leute können weniger kaufen.

9. Während ....

   der Urlaub – Man muss keine Arbeitsaufträge annehmen.

10. Aufgrund ....

    unsere gute Auftragslage – Wir haben zehn neue Mitarbeiter/innen eingestellt.

nach 6

6 Was passt? Markieren Sie jeweils zwei Verben.

1. eine Aufgabe schnell	treten • erledigen • vorliegen • bearbeiten
2. ein Arbeitsverhältnis	beenden • kaufen • beginnen • liefern
3. ein Grund muss	vereinbaren • vorliegen • treten • da sein
4. eine Kündigungsfrist	vorliegen • verpassen • einhalten • abgeben
5. eine Lösung	finden • kündigen • erledigen • diskutieren
6. etwas kann zu einer Kündigung	nehmen • führen • beenden • beitragen
7. in Kraft	erledigen • treten • suchen • sein
8. pünktlich zur Arbeit	beenden • unterschreiben • erscheinen • kommen

7 Wiederholung Präpositionen

a Präpositionen und Kasus – Schreiben Sie die Präpositionen in die Tabelle.

~~ab~~   an   anlässlich   auf   aufgrund   aus   außerhalb   bei   bis   durch   für

gegen   hinter   in   innerhalb   mit   nach   neben   ohne   seit   statt

trotz   über   um   unter   von   vor   während   wegen   zu   zwischen

Akkusativ	Dativ	Akkusativ oder Dativ	Genitiv
	ab		

b Ergänzen Sie die Endungen.

1. In Deutschland bekommen Schwangere ab d...er..... 6. Woche vor der Geburt Mutterschaftsgeld.

2. An ihr........... ersten Arbeitstag hat Frau Diaz eine Mappe mit vielen Informationen bekommen.

3. Während d........... ersten drei Monate hatte Herr Fendela Probezeit.

4. Nach d........... Ende der Probezeit kann er nur mit einer Frist von 3 Monaten entlassen werden.

5. In d........... Schulferien wollen die meisten Kollegen Urlaub machen.

6. Trotz d........... Gesundheitsschutzes passieren immer wieder Arbeitsunfälle.

7. Neben mein........... Hauptjob habe ich noch zwei Nebenjobs.

8. Bei Problemen im Betrieb sollte man sich bei d........... Gewerkschaft informieren.

9. Wenn man gegen d........... Betriebsordnung verstößt, kann man entlassen werden.

10. Mit d........... Ende des Arbeitsvertrags endet auch die Lohnzahlung.

11. Sie können auf d........... Firmengelände parken.

12. Gehen Sie dann über d........... Fußgängerbrücke zum Gebäude A 34.

8 Welche Ausdrücke bedeuten ungefähr das Gleiche?

1. Ruhezeiten einhalten
2. außerordentlich
3. fristlos
4. gefährlich
5. legal
6. etwas tritt in Kraft
7. trotzdem
8. mobben

a) besonders
b) dem Gesetz entsprechend
c) dennoch
d) etwas wird gültig
e) Pausen machen
f) schlecht behandeln
g) sofort
h) riskant

Lkw-Fahrer müssen die Ruhezeiten einhalten.

Ihr Wortschatz

Nomen

der Arbeitgeber – ....

die Arbeitgeberin, -nen ....

der Arbeitnehmer, – ....

die Arbeitnehmerin, -nen ....

die Arbeitsbedingungen (Pl.) ....

die Arbeitsbelastung, -en ....

die Belästigung, -en ....

der Betriebsrat, ⸚e ....

die Diskriminierung, -en ....

die Frist, -en ....

das Homeoffice (Sg.) ....

der Hort, -e ....

die Hygiene (Sg.) ....

das Gesetz, -e ....

die Gleitzeit (Sg.) ....

die Kernzeit (Sg.) ....

die Kündigung, -en ....

das Mobbing (Sg.) ....

die Nebentätigkeit, -en ....

der Notfall, ⸚e ....

die Personalabteilung, -en ....

die Probezeit, -en ....

die Tätigkeit, -en ....

der Tarif, -e ....

die Teilzeit (Sg.) ....

die Vereinbarung, -en ....

die Vergütung, -en ....

der Vertrag, ⸚e ....

die Vollzeit (Sg.) ....

Verben

anordnen ....

(sich/etwas) abstimmen (mit + D.) ....

etwas beschließen ....

(sich/etwas) absprechen (mit + D.) ....

desinfizieren ....

jdn. einstellen ....

jdn. entlassen ....

jdn. mobben ....

kündigen ....

etwas regeln ....

stehlen ....

Adjektive

regulär ....

schwanger ....

sexuell ....

zumutbar ....

Andere Wörter und Ausdrücke

anlässlich (+ G.) ....

außerhalb (+ G.) ....

brutto ....

innerhalb (+ G.) ....

netto ....

spätestens ....

trotz (+ G.) ....

verpflichtet sein ....

9 Welche Ausdrücke aus „Ihr Wortschatz" bedeuten ungefähr das Gegenteil? Notieren Sie.

1. frühestens *spätestens*

2. Vollzeit

3. Arbeitgeberin

4. jemanden entlassen

5. innerhalb

6. netto

10 Ergänzen Sie passende Verben aus „Ihr Wortschatz".

1. die Desinfektion *desinfizieren*

2. die Einstellung

3. die Kündigung

4. die Entlassung

5. das Mobbing

6. die Anordnung

7. die Absprache

8. die Abstimmung

9. die Regelung

11 Für Ihren Alltag – Schreiben Sie in Ihrer Sprache.

Gibt es Gleitzeit?

Kann ich im Notfall mein Kind mitbringen?

Wie viel verdiene ich brutto?

Wann ist mein erster Arbeitstag?

Von wann bis wann ist die Kernarbeitszeit?

Wie viele Tage Urlaub habe ich im Jahr?

Das muss ich mir nicht gefallen lassen.

Ich habe ein Recht darauf, zu wissen, ...

Ich habe jetzt schon 25 Überstunden.

12 Ihre Wörter und Sätze – Schreiben Sie.

Ihre Sprache: Deutsch:

13 Ihr Text – Ihre Arbeitsbedingungen. Schreiben Sie über Ihre Erfahrungen oder über Ihren Traumjob. Die Stichpunkte helfen. ✏ **Schreiben Sie in Ihr Heft.**

Arbeitszeit   Arbeitsort   Gehalt   Team   Vorgesetzte   Tätigkeiten   Arbeitsschutz

Ich arbeite im Schichtdienst in einem Seniorenheim. Die Schichten gehen von ... bis ...

B Grammatik wiederholen

Fragen und indirekte Fragesätze: Fragen wiedergeben, höflicher fragen

- Indirekte Fragesätze sind Nebensätze, das konjugierte Verb steht am Ende.
  Der Chef fragt: „Wann kommen Sie morgen zur Arbeit?"
  *Der Chef möchte wissen, wann **ich** morgen zur Arbeit **komme**.*
- Bei Satzfragen (Ja/Nein-Fragen) benutzt man *ob*.
  Er fragt: „Können Sie die Nachmittagsschicht übernehmen?"
  Er fragt, ob ich die Nachmittagsschicht übernehmen kann.

1 Ergänzen Sie die Fragen.

Hat   Ist   ~~Warum~~   Was   Was   Wer   welche

1. *Warum* .... stehen die Kisten hier in der Eingangshalle?

2. .... ist da wohl drin?

3. .... hat die Kisten denn geliefert?

4. Für .... Abteilung ist die Ware bestimmt?

5. .... die Importabteilung das bestellt?

6. .... diese Ware schon bezahlt worden?

7. .... sollen wir jetzt damit machen?

2 Herr Binder berichtet dem Chef. – Schreiben Sie die Fragen aus 2 als indirekte Fragen.

1. Wir haben uns gefragt, *warum die Kisten hier in der Eingangshalle stehen.*

2. Frau Bellini war neugierig, ...

3. Niemand wusste, ...

4. Wir hatten keine Ahnung, ...

5. Herr Sura hat gefragt, ...

6. Frau Schmidt wollte wissen, ...

7. Wir waren unsicher, ...

Indirekte Fragen wirken in vielen Fällen höflicher als direkte Fragen.
Haben Sie den Kunden in Malaysia schon angerufen?
Können Sie mir bitte sagen, ob Sie den Kunden in Malaysia schon angerufen haben?

3 Schreiben Sie die Fragen höflicher. Benutzen Sie die Satzanfänge im Kasten.

1. Warum ist der Auftrag noch nicht bearbeitet worden?
2. An wen kann ich mich mit dieser Frage wenden?
3. Wo finde ich den zuständigen Mitarbeiter?
4. Ist das die neueste Version des Programms?
5. Kann ich die Reklamation auch telefonisch erledigen?

> Können Sie mir bitte sagen, ...
> Ich würde gerne wissen, ...
> Kann ich Sie fragen, ...
> Können Sie mir vielleicht
>   Auskunft darüber geben, ...

Können Sie mir bitte sagen, warum der Auftrag ...

Zweiteilige Konnektoren

> Zweiteilige Konnektoren verbinden Satzteile oder ganze Sätze.
> *Wir kochen heute weder Fisch noch Fleisch. Wir kochen Gemüse.*
> *Wir essen heute weder zu Hause noch gehen wir ins Restaurant. Wir machen ein Picknick im Park.*

1 Ordnen Sie zu.

1. Ich arbeite zwar gern auch in der Küche,

2. Entweder kochen wir den Fisch

3. Wir sind ausgebucht. Leider kann ich Ihnen weder heute

4. Das Praktikum im Restaurant macht ihr nicht nur viel Spaß,

5. Er hat sowohl eine Ausbildung als Koch gemacht

a) als auch lange Zeit im Ausland gearbeitet.

b) aber lieber bediene ich die Gäste.

c) sondern sie lernt auch viel Neues.

d) noch morgen Abend einen Tisch reservieren.

e) oder wir braten ihn.

2 Markieren Sie die zweiteiligen Konnektoren in 1 und ergänzen Sie die Übersicht.

1. zwei Sachen treffen zu: nicht nur …, *sondern auch* / sowohl … ....

2. eine Alternative ausdrücken: entweder … ....

3. zwei Sachen treffen nicht zu: weder … ....

4. eine Aussage wird eingeschränkt: zwar …, ...

> Zwischen *nicht nur …, sondern auch* und *zwar …, aber* steht immer ein Komma.

3 Ergänzen Sie die Konnektoren.

1. Für dieses Rezept brauchst du *weder* .... viele Zutaten .... viel Zeit.

2. Heute habe ich .... frisches Gemüse .... viel Obst auf dem Markt gekauft.

3. Meinem Sohn ging es gestern gar nicht gut. Er hatte Magenschmerzen und wollte .... etwas essen .... etwas trinken.

4. .... wir kochen jetzt ganz schnell etwas .... wir rufen den Pizzaservice. Ich habe so großen Hunger!

5. Lass uns ins Restaurant gehen! Das ist .... teuer, ... ich habe jetzt wirklich keine Lust zu kochen.

4 Schreiben Sie die Sätze mit den angegebenen Konnektoren.

1. Als Reiseleiter muss ich pünktlich sein. Ich muss gut organisieren können. (sowohl … als auch)
2. Man muss manchmal viele Überstunden machen. Man kann auch viel Geld verdienen. (zwar …, aber)
3. Ich muss flexibel sein. Ich muss gut mit Menschen umgehen können. (nicht nur …, sondern auch)
4. Ich begleite Reisen ins Ausland. Ich biete Führungen im Inland an. (entweder … oder)
5. Ich beherrsche viele Sprachen. Aber leider spreche ich kein Chinesisch und auch kein Japanisch. (weder … noch)

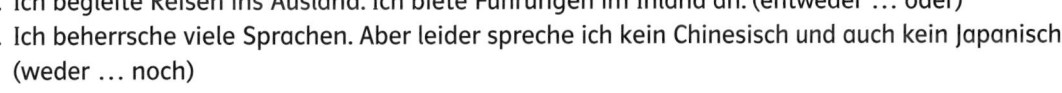
1. Als Reiseleiter muss ich sowohl pünktlich sein als auch …

Relativsätze (Nominativ, Akkusativ, Dativ)

- Mit einem Relativsatz kann man etwas (eine Person, eine Sache, ein Ereignis, ...) genauer beschreiben.
- Das Relativpronomen entspricht in Numerus (Singular oder Plural) und Genus (maskulin, neutrum oder feminin) dem Bezugswort im Hauptsatz. Der Kasus hängt vom Verb im Relativsatz ab.

  *Carlos ist der Freund, **der** mich gestern angerufen hat.* → **Er** hat mich angerufen.

  *Carlos ist der Freund, **den** ich gestern im Kino getroffen habe.* → Ich habe **ihn** getroffen.

- Das Relativpronomen ist wie der bestimmte Artikel.
  Ausnahme: Dativ Plural = *denen*.

1 **Informationen für den Pflegedienst – Wer sind die Personen? Geben Sie genauere Informationen. Schreiben Sie Relativsätze.**

Er muss nur einmal wöchentlich besucht werden.

Sie müssen ihn zum Arzt begleiten.

Sie müssen ihm neue Tabletten mitbringen.

1. Herr Rouland ist der Kunde, ...

....

....

....

Sie sollten sie vor Ihrem Besuch anrufen.

Sie müssen ihr beim Anziehen helfen.

Sie hat eine Allergie.

2. Frau Seibert ist die ältere Dame, ...

....

....

....

Es ist seit Wochen mit Magenproblemen im Krankenhaus.

Du solltest ihm beim Essen helfen.

Du kannst ihm gerne eine Gute-Nacht-Geschichte vorlesen.

3. Lea ist das Mädchen, ...

....

....

....

Sie haben sich beim Skifahren verletzt.

Du solltest sie nicht nach dem Unfall fragen.

Du musst ihnen die Verbände wechseln.

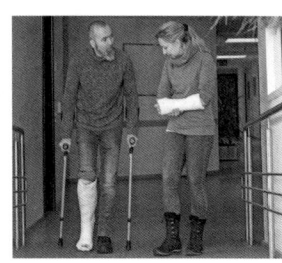

4. Das sind die Patienten,

....

....

....

Relativsätze mit Präpositionen und Relativsätze mit *wo*

> – Bei Verben mit Präpositionen steht im Relativsatz die Präposition vor dem Relativpronomen.
> *Technik ist ein Bereich, für **den** ich mich sehr interessiere.*
> – Wenn *in/an/auf* + Dativ im Relativsatz für einen Ort stehen, kann man sie durch *wo* ersetzen.
> *Die Firma, **in der** ich arbeite, ist ganz modern.* → *Die Firma, **wo** ich arbeite, ist ganz modern.*

1 Ergänzen Sie in den Sätzen die Präpositionen und Relativpronomen.

auf das   auf die   auf die   bei der   für das   für die   von der   von der

1. Ich habe mich bei der Firma beworben, ... du mir erzählt hattest.

2. Die Stelle, ... ich mich beworben habe, habe ich aber leider nicht bekommen.

3. Das zweite Stellenangebot, ... ich mich sehr interessiert habe, ist in Stuttgart.

4. Die Firma, ... ich mich beworben habe, produziert Scheibenwischer.

5. Das Bewerbungsgespräch, ... ich mich gut vorbereitet hatte, verlief sehr positiv.

6. Die Zusage, ... ich nicht lange warten musste, hat mich sehr gefreut.

7. Die Aufgaben, ... ich in der Firma zuständig sein werde, klingen sehr interessant.

8. Ich glaube, ich habe endlich die Stelle gefunden, ... ich so lange geträumt habe.

2 Alex erinnert sich. – Ergänzen Sie die Sätze mit den passenden Präpositionen und Relativpronomen.

1. Ich mag die kleine Stadt, ... ich aufgewachsen bin.

2. Das Haus, ... ich groß geworden bin, steht am Stadtrand.

3. Das alte Kino, ... ich früher oft mit meinen Freunden gegangen bin, existiert leider nicht mehr.

4. Aber die Kneipe, ... wir uns samstags regelmäßig getroffen haben, ist immer noch sehr beliebt.

5. Der See, ... ich früher oft mit dem Fahrrad gefahren bin, wirkt jetzt viel kleiner.

6. Die Bank, ... ich gern gesessen habe, ist inzwischen durch eine neue ersetzt worden.

7. Aber der Platz, ... wir früher Fußball gespielt haben, ist noch genauso wie früher.

8. Und das Eiscafé, ... man das leckerste Eis der Welt kaufen konnte, gibt es glücklicherweise auch noch.

3 In welchen Sätzen in 2 kann man Präpositionen und Relativpronomen durch *wo* ersetzen?

Satz .1,...

Konnektoren: Gründe und „Gegengründe" ausdrücken

- Mit *weil/denn* oder *deshalb/deswegen/darum/daher* kann man sagen, warum etwas geschieht: 🙂
  Er isst kein Fleisch, weil er Vegetarier ist.
- Mit *obwohl* oder *trotzdem* drückt man aus, dass etwas anders als erwartet ist.
  Er sagt, dass er Vegetarier ist, trotzdem isst er manchmal Fleisch.

1 Ordnen Sie zu.

1. Giulia mag das italienische Restaurant in ihrem Viertel,
2. Gestern hat sie ihren Freund zum Abendessen dorthin eingeladen,
3. Das Essen schmeckte fantastisch,
4. Giulia spricht sehr gut Deutsch,
5. Sie freute sich darüber,
6. Später wurde es im Restaurant sehr fröhlich,
7. Alle Gäste gratulierten der Frau, die ihren Geburtstag feierte,
8. Giulia und ihr Freund blieben lange im Restaurant,

a) trotzdem sprach der Kellner mit ihr Italienisch.
b) weil ein Geburtstag gefeiert wurde.
c) deshalb geht sie oft dorthin.
d) obwohl sie sie gar nicht kannten.
e) obwohl es gar nicht teuer war.
f) weil die Stimmung sehr gut war.
g) denn er hatte eine Prüfung bestanden.
h) denn sie hat selten die Gelegenheit, Italienisch zu sprechen.

2 Markieren Sie in 1 die Verben in a)–h). Welche Konnektoren leiten einen Hauptsatz ein? Welche einen Nebensatz? Was ist das Besondere bei Sätzen mit *denn*?

1. Konnektoren, die auf Position 1 im Hauptsatz stehen: *trotzdem*

2. Konnektoren, die einen Nebensatz einleiten: ....

3 Verbinden Sie die Sätze mit *obwohl* und *trotzdem*. Schreiben Sie wie im Beispiel.

1. Die Lieferung kam nicht pünktlich. Das Restaurant hatte rechtzeitig bestellt.

   Die Lieferung kam nicht pünktlich, obwohl das Restaurant rechtzeitig bestellt hatte.
   Das Restaurant hatte rechtzeitig bestellt, trotzdem kam die Lieferung nicht pünktlich.

2. Die gelieferten Tomaten waren nicht reif. Der Koch hatte reife Tomaten bestellt.

   ....

   ....

3. Die Gäste waren zufrieden mit dem Restaurant. Sie mussten lange auf ihr Essen warten.

   ....

   ....

4 Schreiben Sie die Sätze.

1. arbeitet / ein Koch / oft unter Stress / , // deshalb / er / belastbar / sein muss /.
2. attraktiv / der Beruf / ist / , // denn / vielseitig und kreativ / er / ist /.
3. das Restaurant / keine Bedienungen / findet / , // obwohl / viele Stellengesuche / es / veröffentlicht hat /.
4. die Kellnerin / einen langen Arbeitstag / hat / , // trotzdem / bleibt / immer freundlich / sie /.
5. der Küchenchef / seine Gäste / begrüßt / , // weil / schätzt / den Kontakt zu den Gästen / er /.

   1. Ein Koch arbeitet oft unter Stress, deshalb muss er belastbar sein.

Verben mit Präpositionen und Nebensatz

> – Bei Fragen nach Sachen oder Ereignissen verwendet man in der Antwort *da(r)* + Präposition.
>   *Freut ihr euch auf den Ausflug am kommenden Wochenende? – Ja, klar freuen wir uns darauf.*
> – Das *r* wird ergänzt, wenn die Präposition mit einem Vokal beginnt: *daran, darin, darüber* ...
> – *da(r)* + Präposition steht außerdem im Hauptsatz, wenn ein *dass*-Satz oder Infinitiv + *zu* folgt.
>   *Ich freue mich darauf, dass wir am kommenden Wochenende nach Bremen fahren.*
>   *Ich freue mich darauf, am kommenden Wochenende nach Bremen zu fahren.*

1 Ergänzen Sie die Sätze.

daran   darum   darauf   dafür   dafür   darauf   darüber   ~~dazu~~

1. Der Betriebsrat hat _dazu_ eingeladen, über den neuen Tarifvertrag zu diskutieren.

2. Die Personalabteilung arbeitet ...., neue Stellen auszuschreiben.

3. Die Chefin bereitet sich .... vor, die Fragen der Mitarbeiter/innen zu beantworten.

4. Sie reagiert ...., dass einige aus der Firma sich beschwert haben.

5. Sie entschuldigt sich ...., dass zurzeit viele Überstunden geleistet werden müssen.

6. Die Mitarbeiter/innen denken .... nach, einen Streik zu organisieren.

7. Sie wollen, dass die Firmenleitung sich .... kümmert, dass mehr Leute

   eingestellt werden.

8. Sie setzen sich sehr .... ein, dass ihr Betrieb familienfreundlicher wird.

2 Eriks Praktikum – Schreiben Sie Sätze mit *da(r)* + Präposition und Infinitiv + *zu*.

1. Erik / sich freuen auf /, // bald / ein Praktikum im Hotel / machen / .

   Erik freut sich darauf, bald ein Praktikum im Hotel zu machen.

2. Er / sich interessieren für /, // verschiedene Arbeitsbereiche / kennenlernen / .

   ....

3. Er / träumen von /, // mit Gästen aus der ganzen Welt / sprechen / können / .

   ....

4. er / denken an /, // noch besser / Englisch / lernen / .

   ....

5. er / hoffen auf /, // später / in dem Hotel / Karriere / machen / .

   ....

3 Und das meint Eriks Freundin. Ergänzen Sie wie im Beispiel.

1. _Sie wundert sich darüber_, dass Erik so begeistert ist. (sich wundern über)

2. ...., dass er in dem Hotel gute Aufstiegsmöglichkeiten hat.

   (nicht glauben an)

3. ...., dass er sich woanders eine Stelle suchen sollte. (sprechen über)

4. Aber ...., dass Erik so optimistisch ist. (sich freuen über)

11 Arbeit und neue Medien

nach 1

1 Ergänzen Sie die Verben in der richtigen Form.

löschen   benutzen   posten   herunterladen   öffnen   skypen

ausschalten   hochfahren   schicken   erscheinen

Nachdem ich heute Morgen den Computer (1) .... hatte, stimmte etwas nicht.

Auf dem Bildschirm (2) .... eine Fehlermeldung: „Die Datei kann nicht

(3) .... werden." Ich habe den Computer wieder (4) ....

Jetzt (5) .... ich eine Anfrage in einem Forum. Dazu (6) ....

ich mein Handy. Gut ist, dass ich mit meinem Handy auch (7) .... kann. Mein Freund

hat mir gleich ein paar Seiten mit Tipps (8) .... Ich muss nach dem Hochfahren

ein paar alte Dateien (9) .... Und danach (10) .... ich eine

neue Version des Programms aus dem Netz ....

nach 2

2 Medienverhalten – Entscheiden Sie, welches Wort (a–o) in die Lücken (1–10) passt.

● Hi Silke, hast du eine neue Uhr?

○ Ja, die habe ich (1) *mir* gestern gekauft. Sieht klasse aus, oder?

● Sieht schon gut aus, (2) .... ich mag ja mechanische
Uhren lieber.

○ Aber schau mal, was (3) .... alles kann. Ich kann damit sogar
Musik hören …

● Musik höre ich am (4) .... live.

○ … und ich kann sie benutzen, (5) .... meinen Puls und den
Blutdruck zu messen.

● Du bist doch (6) .... 25. Hast du denn schon Probleme damit?

○ Und ich kann damit telefonieren. Mein Handy brauche ich fast gar nicht mehr als Telefon.

● Schade, das hast du (7) .... vor nicht mal einem Monat gekauft.

○ Ja, ich benutze es ja auch noch zum Surfen und wenn ich einen Weg finden muss.

● Ich finde ja Stadtpläne immer noch ziemlich praktisch, (8) .... die keinen Strom brauchen.

○ Du bist ein hoffnungsloser Fall. Schau, hier gibt es sogar einen Schrittzähler. Das finde ich total super,

(9) .... ich das eigentlich nicht brauche.

● Du hast absolut recht. Ohne Schrittzähler kann man heute nicht mehr leben!

○ Ich sehe schon, dass ich dich für so etwas nicht begeistern kann.

● Da hast du wohl recht, aber schön ist sie, das (10) .... ich zugeben.

a) ABER	d) DOCH	g) MICH	j) MÜSSTE	m) TROTZDEM
b) DER	e) ERST	h) ~~MIR~~	k) OBWOHL	n) UM
c) DIE	f) LIEBSTEN	i) MUSS	l) SCHON	o) WEIL

3 Wiederholung: Konnektoren –
Schreiben Sie die Sätze.

1. Sie hat sich ein neues Handy gekauft.   (obwohl)   Ihr altes funktioniert noch.

   Sie hat sich ein neues Handy gekauft, obwohl ihr altes noch funktioniert.

2. Sie liebt Technik.   (sowohl … als auch)   Sie liebt Mode.

   ....

3. Sie verdient zurzeit gut.   (deshalb)   Sie muss nicht sparsam sein.

   ....

4. Ihr Freund ist ein bisschen neidisch.   (weil)   Er kann sich nicht so viel leisten.

   ....

5. Er möchte sie gerne zum Essen einladen.   (aber)   Er hat nicht genug Geld.

   ....

6. Er ist selbstständig.   (seitdem)   Seine alte Firma ist pleite gegangen.

   ....

7. Er schreibt jetzt Sicherheitssoftware.   (nicht nur … sondern … auch)   Er gibt Seminare.

   ....

8. Er bekommt immer mehr Kunden.   (daher)   Er hofft, bald wieder gut zu verdienen.

   ....

9. Die beiden haben keinen Urlaub gemacht.   (seitdem)   Er hat sich selbstständig gemacht.

   ....

10. Im nächsten Jahr wollen sie wegfahren.   (wenn)   Sein Geschäft läuft gut.

   ....

4 Schreiben Sie Sätze mit *je … umso/desto* wie im Beispiel.

freundlich sein	je … umso	viele Kunden gewinnen fit sein
Kunden gut beraten		flüssig sprechen freundlich behandelt werden
sich häufig fortbilden	je … desto	
gute Produkte haben		gute Chancen auf dem Arbeitsmarkt haben
trainieren		wenig Zeit für Freunde haben
im Internet surfen		
sich gut informieren		intelligente Entscheidung treffen
viel arbeiten		erfolgreich sein Texte gut verstehen
viele Fragen stellen		

Je freundlicher man ist, desto freundlicher wird man behandelt.

5 Grafiken beschreiben – Ergänzen Sie die Angaben.

die Hälfte   mehr als die Hälfte   drei Viertel   95 Prozent   knapp drei Viertel

alle   ein Viertel   ~~10 Prozent~~   ungefähr zwei Drittel   etwas mehr als ein Drittel

10%   25%   35%   50%   55%

1. *10 Prozent*   2. _____   3. _____   4. _____   5. _____

65%   70%   75%   95%   100%

6. _____   7. _____   8. _____   9. _____   10. _____

6 Eine Reklamation beantworten

a Ergänzen Sie den Text.

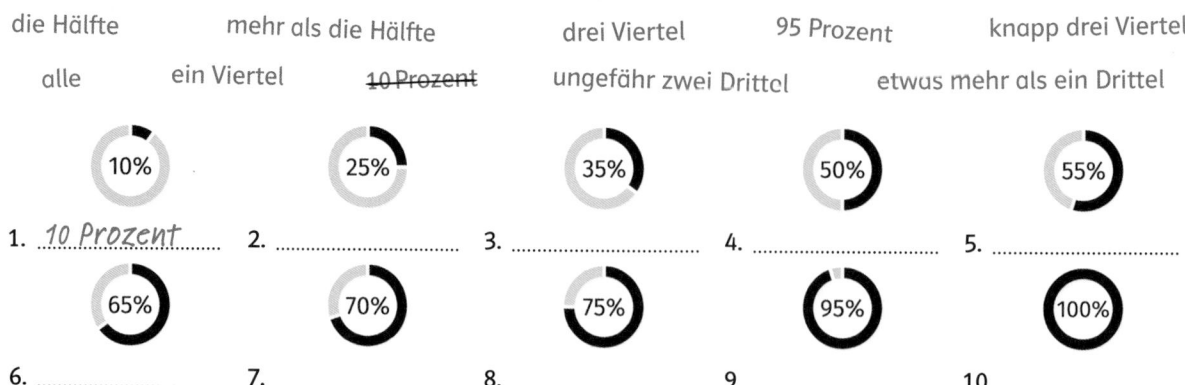

Sehr gee_____ Frau Solger,

vielen Da___ für I___ Schreiben v___ 8. März. Entschuldigen S___,

dass d___ Antwort et_____ gedauert h___. Ihr Schrei_____ blieb

we_____ Urlaub u___ Krankheit ein_____ Tage lie_____.

Leider si___ wir d___ falsche Ansprechp_____. Sie ha_____ den Staubsau_____ ja ni_____

bei u___, sondern b___ der Fi_____ Brunner gek_____. Aus rechtlichen Grün_____ müs_____

Sie das Gerät üb___ den Verk_____ an u___ zurückschicken. W___ werden da___ prüfen, ob

w___ das Ge_____ reparieren kön_____. Sollte d___ nicht d___ Fall se___, bekommen S___ von

u___ Ersatz. Ich möc___ mich no___ einmal f___ die entsta_____ Unannehmlichkeiten

entsch_____ und ho_____, dass w___ das Pro_____ so schn_____ wie mög_____ aus

d___ Welt schaffen können.

M___ freundlichen Grü_____

Peter Posch

b Ergänzen Sie die Sätze.

beheben   brauche   dauert   umzutauschen   zurücksenden

1. Ich möchte das Gerät an Sie _____.

2. Ich hoffe, dass Sie den Fehler schnell _____ können.

3. Andernfalls bitte ich Sie, das Gerät _____.

4. Wie lange _____ die Reparatur normalerweise?

5. Ich _____ das Gerät so schnell wie möglich wieder.

7 Nomen-Verb-Verbindungen

a Welches Verb passt? Markieren Sie.

1. aus den Augen verlieren / kommen
2. Bezug treffen / nehmen
3. ein Gespräch führen / leisten
4. eine Entscheidung treten / treffen
5. eine Verabredung treffen / verlieren
6. in Betracht machen / ziehen
7. in Betrieb kommen / nehmen
8. in Anspruch geben / nehmen

9. in Erfahrung bringen / geben
10. in Kontakt finden / treten
11. in Streik treten / ziehen
12. ins Geschäft setzen / kommen
13. Lösungen finden / fällen
14. Rückmeldung machen / geben
15. sich in Verbindung setzen / nehmen
16. Widerstand stehen / leisten

b Ergänzen Sie die Sätze mit Nomen-Verb-Verbindungen aus 7a in der richtigen Form. Manchmal gibt es mehrere Möglichkeiten.

1. Wir würden gerne mit Ihnen *ins Geschäft kommen* , deshalb mache ich Ihnen ein günstiges Angebot.

2. Sie müssen beim Einkauf auch ...., wie das Serviceangebot ist.

3. Da wir die Maschine nächste Woche .... wollen, müssen bis dahin alle Arbeiten beendet sein.

4. Ich möchte gern mit Ihnen schriftlich .... Würden Sie mir Ihre E-Mail Adresse geben?

5. Bis morgen müssen wir ...., ob wir die Software kaufen.

6. Bei allen Problemen dürfen wir unser Ziel nicht ....

7. Ich .... mich morgen mit Frau Mautz telefonisch ....

8. Wir müssen bis Freitag .... darüber ...., was unsere weiteren Pläne sind.

9. Da es das gleiche Gerät nicht mehr gibt, ... Sie .... mit mir doch bitte kurz ...., ob wir Ihnen auch das Nachfolgemodell ohne Mehrkosten zusenden dürfen.

10. Da unsere Mitarbeiter/innen ab morgen ...., wird sich die Reparatur um ein paar Tage verzögern.

nach 5

8 Komposita – Was passt zusammen?

die Job-	angebot
die Initiativ-	bedarf
der Personal-	Bewerbung
das Business-	ergebnis
das Such-	hunter
der Head-	job
das Stellen-	suche
der Insider-	Netzwerk
der Traum-	Tipp

die Jobsuche

Ihr Wortschatz

Nomen

die Abholung, -en ....

der Aufwand *(Sg.)* ....

der/die Befragte, -n ....

das Drittel, – ....

die Gemeinsamkeit, -en ....

die Hälfte, -n ....

die Initiativ-Bewerbung, -en ....

der Kostenvoranschlag, ⸚e ....

das Netzwerk, -e die ....

Überwindung *(Sg.)* ....

die Umfrage, -n ....

die Umsetzung, -en ....

der Umtausch *(Sg.)* ....

die Untersuchung, -en ....

der Versandhandel *(Sg.)* ....

die Voraussetzung, -en ....

Verben

bestätigen ....

benachrichtigen ....

sich blamieren ....

deuten ....

durchhalten ....

hochfahren ....

kommunizieren (mit + D.) ....

optimieren ....

posten ....

sich rechtfertigen ....

schwerfallen/leichtfallen ....

stammen (aus/von + D.) ....

twittern ....

überprüfen ....

übertragen ....

vermischen ....

vernetzen ....

veröffentlichen ....

verzichten (auf + A.) ....

vibrieren ....

zugehen (auf + A.) ....

zurückkehren ....

Adjektive

bewusst ....

defekt ....

digital ....

einwandfrei ....

festangestellt ....

gezielt ....

umgehend ....

vertraut (mit + D.) ....

Andere Wörter und Ausdrücke

andernfalls ....

auf etwas Bezug nehmen ....

in Betracht ziehen ....

je … desto/umso … ....

mithilfe ....

sich in Verbindung setzen (mit + D.) ....

zur Verfügung stellen/stehen ....

9 Ergänzen Sie Nomen aus „Ihr Wortschatz".

1. Mit einer .... kannst du dich in einer Firma vorstellen.

2. Die .... für eine gute Bewerbung ist, dass du dich über die Firma

   informierst.

3. Ihr .... ist leider viel zu hoch. Wir haben uns deshalb für einen anderen

   Anbieter entschieden.

4. Da der .... für eine Reparatur zu groß wäre, ersetzen wir Ihnen das Gerät.

5. Soziale .... (Pl.) können bei Bewerbungen hilfreich sein.

6. Waren im Sonderangebot sind vom .... ausgeschlossen.

10 Ergänzen Sie Verben aus „Ihr Wortschatz" in der angegebenen Form.

1. Wir .... Ihnen hiermit den Eingang der Reklamation. *(Präsens.)*

2. Ich .... meine Kritik auch auf der Website .... *(Perfekt)*

3. Wir müssen unsere interne Kommunikation unbedingt .... *(Präsens)*

4. Mein Handy .... weder geläutet noch .... *(Perfekt)*

5. Bitte .... Sie den Kunden, dass sein Gerät repariert wird. *(Präsens)*

6. Wir .... jetzt alle Filialen mithilfe des Intranets ....,

   sodass sie direkt miteinander kommunizieren können *(Perfekt)*

11 Für Ihren Alltag – Schreiben Sie in Ihrer Sprache.

Je weniger ich telefoniere, desto mehr Zeit habe ich. ....

Die Grafik stammt aus dem Jahr 2022. Sie zeigt … ....

Ungefähr ein Drittel / die Hälfte / 90 Prozent … ....

Auffallend ist, dass … ....

Ich nehme Bezug auf unser Gespräch von gestern … ....

Wir bitten die Unannehmlichkeiten zu entschuldigen. ....

Ich bin der Auffassung, dass … ....

Ich sehe die Gefahr, dass … ....

12 Ihre Wörter und Sätze – Schreiben Sie.

Ihre Sprache: Deutsch:

13 Ihr Text – Wofür benutzten Sie Ihr Handy dauernd/manchmal/selten/nie?
   Schreiben Sie in Ihr Heft.

Am häufigsten benutze ich mein Handy zum Telefonieren. Darüber hinaus …

12 Global arbeiten und leben

nach 1

1 Aspekte der Globalisierung

a Schreiben Sie die Wörter richtig und ergänzen Sie die Artikel.

1. Bnihuezeg *die Beziehung* ....
2. Kifonlkt ....
3. Kerig ....
4. Valieflt ....
5. Iiändttet ....
6. Arumt ....
7. Klamiwenadl ....
8. Värsdengitung ....

9. Auuctsash ....
10. Trnunneg ....
11. Imorpt ....
12. Rsasumsis ....
13. Riisko ....
14. Triditaon ....
15. Kutulr ....
16. Hedanl ....

b Welche Wörter aus 1a bedeuten ungefähr das Gegenteil der folgenden Wörter? Ordnen Sie zu.

1. die Chance *das Risiko* ....
2. der Reichtum ....
3. der Export ....
4. das Zusammensein ....
5. die Natur ....
6. der Frieden ....

c Ergänzen Sie die passenden Wörter aus 1a in der richtigen Form.

1. Um eine gute *Beziehung* .... zu einer Person aufzubauen, braucht man viel Kontakt.
2. Dabei ist es wichtig, dass ein intensiver .... stattfindet.
3. Die Globalisierung bringt ...., aber auch Chancen mit sich.
4. Für Kinder von Migranten stellt sich oft die Frage nach der kulturellen ....
5. Sie wissen manchmal nicht, zu welcher .... sie gehören.
6. Durch den globalen .... werden Waren um die ganze Welt transportiert.
7. Der .... ist ein großes ökologisches Problem.

nach 2

2 Wiederholung: Konnektoren

a Schreiben Sie die Konnektoren in die Tabelle.

trotzdem   obwohl   deswegen   *dass*   darum   wenn   solange   damit   seit   als   weil

Hauptsatz + Konnektor + Hauptsatz (Konnektor = Position 1)	Hauptsatz + Konnektor + Nebensatz
trotzdem	*obwohl*

b Schreiben Sie die Sätze und markieren Sie die Verben wie im Beispiel.

1. Ich habe mich schnell eingelebt, weil / hier / alle / sehr nett / sein / .

   weil hier alle sehr nett (sind).

2. Ich habe einen guten Kontakt zu den Kolleginnen und Kollegen, deswegen / ich / mich / wohlfühlen / .

3. Ich lebe gerne in Deutschland, obwohl / das Essen / mir / hier / schmecken / nicht sehr gut / .

4. Jetzt bin ich schon über drei Jahre hier, trotzdem / oft / ich / haben / Sehnsucht / nach meiner Heimat / .

5. In der Firma engagiere ich mich sehr, damit / ich / Karriere / schnell / machen / .

6. Wir haben unser erstes Kind bekommen, darum / wir / eine größere Wohnung / brauchen / .

3 Die Konnektoren *folglich*, *infolgedessen*, *deshalb* und *sodass*

a Ergänzen Sie *folglich*, *infolgedessen*, *deshalb* und *sodass* in den Sätzen.

> **1. Hauptsatz + Konnektor + Hauptsatz (Konnektor = Position 1)**
> Ich habe viele Informationen bekommen,
>
> .... / .... / .... (weiß) ich Bescheid.
>
> **Verb auf Position 2**
>
> **2. Hauptsatz + Konnektor + Nebensatz**
> Ich habe viele Informationen bekommen,
>
> .... ich Bescheid (weiß).
>
> **Verb am Ende**

b Verbinden Sie die Sätze mit *folglich*, *infolgedessen*, *deshalb* oder *sodass*.
Verwenden Sie jeden Konnektor einmal.

1. Deutschland braucht Fachkräfte. Es ist nötig, Nachwuchs auszubilden.

   Deutschland braucht Fachkräfte, folglich ist es nötig, Nachwuchs auszubilden.

2. Vielen Betrieben fehlt Personal. Sie müssen sich intensiv um Azubis bemühen.

3. Die erste Zeit im Ausland stellt eine besondere Herausforderung dar. Man ist dankbar für Unterstützung.

4. Ein duales Studium ist sehr intensiv. Man hat wenig Freizeit.

5. Aber der Vorteil ist: Man wird gleichzeitig praktisch und theoretisch ausgebildet. Man hat gute Chancen, schnell eine feste Stelle zu finden.

4 Ein Missverständnis im Betrieb – Ergänzen Sie die E-Mail.

Sehr geeh_____ Herr Kleinert,

Ihrer Ma___ entnehme i___, dass ab sof_____ Herr Jurecek für d___ Werbeflyer uns_____

Firma zustä_____ ist. I___ bin et_____ verärgert üb___ diese Infor_____. In uns_____

letzten Gesp_____ hatte i___ den Eind_____, dass i___ mich w___ bisher um d___ Werbung

küm_____ soll. Des_____ möchte i___ Sie um ei_____ Termin bit_____, damit w___ das

sch_____ klären kön_____.

Mit freund_____ Grüßen

Tanja Plöger

5 Nomen, Adjektive und Verben mit Präpositionen

a Wiederholung: Verben mit Präpositionen – Ergänzen Sie die Präpositionen *an, auf, bei, für, in, über, um, von* oder *zu*. Manchmal gibt es mehrere Möglichkeiten.

Nach meinem Schulabschluss in Spanien war ich zuerst fest (1) *zu*_____

einem Studium entschlossen. Aber dann habe ich mit verschiedenen

Leuten (2) .... dieses Thema diskutiert. Schließlich war ich sehr überzeugt (3) .... der Idee,

zuerst praktische Erfahrungen zu sammeln. Deshalb habe ich mich (4) .... einer deutschen Firma

(5) .... einen Praktikumsplatz beworben. Diese Hamburger Firma ist (6) .... den Import und

Export von Parfüm spezialisiert. (7) .... diese Branche interessiere ich mich sehr. Ich habe lange

(8) .... die Zusage gewartet. Nachdem ich sie bekommen hatte, habe ich mich intensiv (9) ....

meinen Aufenthalt in Deutschland vorbereitet. In Hamburg musste ich mich zunächst (10) .... die

andere Kultur gewöhnen. Nachdem ich mich auch (11) .... der Firma eingelebt hatte, konnte ich selbst-

ständig kleine Projekte übernehmen. Das habe ich stolz meinen Verwandten in Spanien geschrieben, die

(12) .... dem Sinn meines Praktikums gezweifelt hatten. Wichtig für mich ist auch, dass ich eine

Vergütung bekomme, sodass ich finanziell nicht abhängig (13) .... meinen Eltern bin.

b Ergänzen Sie die passenden Ausdrücke mit Präpositionen in der richtigen Form.

sich freuen über   zuständig für   Gespräch über   ärgerlich über

informieren über   sich bedanken für   sich vorbereiten auf

Gestern hatte ich mit dem Chef ein (1) .... meine Zukunft im Team.

Zuerst hat er (2) .... mein Engagement ....

(3) Dar............... habe ich .... sehr .... Dann hat er mich

(4) .... meine Aufgaben in dem neuen Projekt .... Ich bin ab jetzt

(5) .... die Kundenkommunikation .... Um (6) ....

diese Aufgabe ...., möchte ich noch einen Sprachkurs machen. Hoffentlich ist in

meinem Team niemand (7) .... die neue Aufgabenverteilung.

6 Globalisierung und Beziehungen –
Welche Ausdrücke haben eine ähnliche
Bedeutung? Ordnen Sie zu.

1. Kontakt halten

2. Schätzungen gehen davon aus

3. ein Kernproblem liegt darin

4. viel Zeit und Kraft investieren

5. aus der Fernbeziehung etwas Positives ziehen

6. sich gegenseitig anregen

7. die Integration erschweren

8. etwas wird zu einer festen Größe

9. finanziell von jemandem abhängig sein

10. Zeiten der räumlichen Trennung

a) es wird angenommen

b) Phasen, in denen man nicht am selben Ort ist

c) in Verbindung bleiben

d) etwas kommt immer öfter vor

e) sich intensiv bemühen

f) Geld von einer anderen Person brauchen

g) das Einleben komplizierter machen

h) einander neue Ideen geben

i) eine große Schwierigkeit ist

j) auch gute Seiten an der Partnerschaft über eine räumliche Distanz sehen

7 Korrigieren Sie den Leserbrief: vier Präpositionen sind falsch, es gibt drei Rechtschreibfehler, dreimal stimmt die Wortstellung nicht.

Sehr geehrte Damen und Herren,

~~bei~~ *mit* großem Interesse habe ich Ihren Artikel zum Thema „Zerstört die Globalisierung unsere

Beziehungen?" gelesen. Bei uns in Rumänien führen viele Pare Fernbeziehungen, weil ein Partner nach

Deutschland arbeitet. Sie recht haben, wenn Sie schreiben, dass Partnerschaften auf Distanz Nachteile

haben, weil man sich selten sieht. Ich selbst habe das Glück, mit meinem Mann, einem Deutschen, zu

meinem Heimatland Rumänien leben zu können, weil er hier arbeiten kann.

Übrigens ich persönlich finde, dass die Vorteile kulturell gemischter Beziehungen überwiegen – man

lebt in zwei Kulturen und kann jeweils das Beste davon genießen. Man kann auserdem immer günstig

bei Verwandten im Heimatland des Partners Urlaub machen.

Allerdings müssen die Partner einiges dafür tun, das so eine Beziehung gut glückt. Zu meiner Ehe

habe ich gelernt, dass es wichtig ist, einander gut zuzuhören. Und vielleicht noch wichtiger ist es,

Probleme immer gleich anzusprechen.

Abschließend kann ich nur sagen, dass ich bin in meiner interkulturellen Ehe sehr glücklich.

Mit freundlichen Grüßen

Cosmina Faida-Degenhardt

Ihr Wortschatz

Nomen

die Anstrengung, -en ....

die Arbeitsbedingungen (Pl.) ....

der Austausch (Sg.) ....

der Betriebsrat, -̈e ....

die Bürokratie, -n ....

das Detail, -s ....

die Effizienz (Sg.) ....

der Frieden (Sg.) ....

die Gewerkschaft, -en ....

die Hautfarbe, -n ....

die Identität, -en ....

die Kapazität, -en ....

der Klimawandel (Sg.) ....

die Körpersprache, -n ....

die Koordination (Sg.) ....

der Krieg, -e ....

das Material, -ien ....

das Menschenrecht, -e ....

der Mentor, -en ....

die Mentorin, -nen ....

die Migration (Sg.) ....

das Mobbing (Sg.) ....

das Phänomen, -e ....

das Potenzial, -e ....

der Prozess, -e ....

der Rassismus (Sg.) ....

das Risiko, Risiken ....

die Schätzung, -en ....

die Sprachbarriere, -n ....

die Stellungnahme, -n ....

die Tradition, -en ....

die Trennung, -en ....

der Unfallschutz (Sg.) ....

der Verbesserungsvorschlag, -̈e ....

die Vernetzung, -en ....

die Verständigung (Sg.) ....

das Zeitalter, – ....

die Zerstörung, -en ....

Verben

anregen ....

genehmigen ....

improvisieren ....

investieren ....

leiden (unter + D.) ....

(sich) scheuen ....

untersagen ....

vergüten ....

Adjektive

ärgerlich ....

ausdrücklich ....

belastend ....

dominant ....

eilig ....

erstaunt ....

finanziell ....

professionell/unprofessionell ....

Andere Wörter und Ausdrücke

folglich ....

infolgedessen ....

sodass ....

zur Verfügung stehen ....

8 Wortfamilien – Ergänzen Sie die passenden Wörter.

Nomen	Adjektive	Verben
1.	verständlich	sich verständigen
2. die Belastung	....	....
3.	zerstörerisch	....
4.	riskant	....
5.	improvisiert	....
6.	....	sich ärgern
7.	scheu	....

9 Ergänzen Sie Wörter aus der Tabelle in 8 in der passenden Form.

1. Dass man am ersten Arbeitstag nervös ist, ist .... Man sollte sich

   trotzdem nicht ...., zu fragen, wenn man bei etwas unsicher ist.

2. Es ist ...., Unbekannten Geld zu leihen.

3. Ein falsches Foto auf Facebook kann eine ganze Karriere ....

4. Mein Chef sagt: „Deutsche planen immer alles, während man anderswo mehr

   ...." Ich finde solche kulturellen Vorurteile

   ....

10 Für Ihren Alltag – Schreiben Sie in Ihrer Sprache.

Mein erster Eindruck war, dass... ....

Ich musste mich erst daran gewöhnen, dass ... .

Womit ich gar nicht zurechtkomme, ist, dass ... .

Tut mir leid, das habe ich übersehen. ....

Das kommt nicht wieder vor. ....

Ich bin der Überzeugung, dass ... .

Da muss ich widersprechen. ....

11 Ihre Wörter und Sätze – Schreiben Sie.

Ihre Sprache: Deutsch:

....

....

....

....

12 Ihr Text – Interkulturelle Beziehungen: Welche Erfahrungen haben Sie damit? Welche Vor- und Nachteile sehen Sie? 🖋 Schreiben Sie in Ihr Heft.

Meine Schwester ist mit einem Deutschen verheiratet. Am Anfang ...

13 Konflikte lösen

nach 1

1 Probleme im Arbeitsalltag

a Markieren Sie die Wörter in der Wortschlange.

B2-PRÜFUNG|SCHICHTSTARTUPFAMILIENBETRIEBELTERNZEITKONFLIKTKARRIERE

WEITERBILDUNGARBEITSZEITBETRIEBSKINDERGARTENMUTTERSCHUTZ

KUNDENBESCHWERDENDEUTSCHKURSAUFSTIEGSMÖGLICHKEITENAUSBILDUNGSPLATZ

b Ergänzen Sie den Text mit Wörtern aus 1a in der passenden Form.

Hema Kumari kam vor ein paar Jahren nach Leipzig. Anfangs fand er die deutsche Sprache sehr schwer,

aber nach einigen Monaten (1) _Deutschkurs_ an der Volkshochschule konnte er sich

im Alltag schon ganz gut verständigen.

Nach einem beruflichen Deutschkurs bestand er die (2) _B_ und bekam

einen (3) _A_ in der Gastronomie. Am Anfang fand er es sehr hart,

(4) _S_ zu

arbeiten, aber nach einer Weile gewöhnte

er sich daran. Er arbeitete in einem klei-

nen (5) _F_,

in dem sich alle kannten und sich gut

verstanden. Deshalb gab es auch wenig

(6) _K_ mit

den Kolleginnen und Kollegen. Am Anfang

war es nicht einfach für ihn, gut auf

(7) _K_

zu reagieren, aber mit der Zeit lernte er auch das. Er hatte nur ein Problem: Er wollte

(8) _K_ machen, aber es gab für ihn keine (9) _A_

in seinem Ausbildungsbetrieb. Deshalb nahm er an einer (10) _W_ teil und

gründete danach ein (11) _S_. Jetzt hat er eine Firma, die indische

Fertiggerichte produziert, und verkauft sie an Büros.

Auch privat geht es ihm gut: Er hat eine Frau geheiratet, die er vor drei Jahren im Deutschkurs

kennengelernt hat. Vor einem Jahr sind sie Eltern geworden. Seine Frau ist zurzeit im

(12) _M_, und wenn sie wieder arbeiten geht, will er

(13) _E_ nehmen.

2 Ein Konfliktgespräch – Ergänzen Sie.

wäre es keine schlechte Idee,   ~~Aber es ist ein Problem~~

Ja, du hast ja recht.   Erinnerst du dich noch

Ja, klar, mach das!   Na gut, wenn es sein muss.

Und dann könnten   Und was hältst du davon,

● … (1) _Aber es ist ein Problem_ ...., dass die Küche immer furchtbar aussieht, wenn du gekocht hast.

○ (2) .... Also, ich versuche, beim Kochen gleich immer schon was aufzuräumen. (3) .... wenn wir uns in Zukunft einmal pro Woche etwas zu essen liefern lassen?

● Ja, gut, das können wir gerne machen. Und vielleicht (4) .... wenn wir uns ab und zu mal im Haushalt helfen lassen. Meine Mutter macht das doch gerne.

○ (5) .... Aber wenn deine Mutter hier ist, muss ich nicht die ganze Zeit dabei sein. Dann gehe ich in der Zeit ins Fitnessstudio.

● (6) .... Du, und vielleicht können meine Eltern sogar im Februar Lina eine Woche ganz nehmen, sie ist doch jetzt schon groß genug.

(7) .... wir zusammen endlich mal wieder Skifahren gehen.

○ Au ja! (8) .... an unseren ersten Skiurlaub, als wir frisch verliebt waren?

● Ja, das war super! Auf Skifahren habe ich wirklich mal wieder Lust!

nach 3

3 Wiederholung: *einander* – Schreiben Sie die Sätze mit passenden Formen von *einander*.

aufeinander   füreinander   voneinander   zueinander   miteinander

nacheinander   gegeneinander   voreinander   ineinander

1. So geht das nicht weiter! Wir müssen unbedingt .... reden.

2. Wenn wir weiter zusammenleben wollen, brauchen wir mehr Vertrauen ....

3. Wir sollten möglichst wenige Geheimnisse .... haben.

4. Kinder können so viel .... lernen, wenn sie gemeinsam spielen. Aber unsere Kinder kämpfen leider mehr .... als zusammen zu spielen.

5. In unserer Familie sind alle .... da und helfen sich. Das finde ich sehr schön.

6. Willi ist traurig, denn er hat kurz .... seine Eltern und seine Frau verloren. Er und seine Frau waren noch am Ende .... verliebt.

7. Beim Klettern in der Gruppe lernt man .... aufzupassen.

nach 4

4 Bedingungen ausdrücken – Schreiben Sie die Sätze wie im Beispiel.

1. unsere Chefin / organisierter sein – wir nicht so viele Probleme / selbst lösen müssen
2. Regula / sich fortbilden – sie / interessantere Aufgaben / bekommen
3. du / mir helfen – wir / schneller fertig werden
4. mein Chef / mich dauernd kritisieren – ich / kündigen
5. die Firma / mich nehmen – ich / total glücklich sein
6. seine Frau / viel Geld verdienen – er / sich selbstständig machen können
7. ihr Mann / sie unterstützen – Antonia / Karriere machen können
8. unsere Beziehung / gut funktionieren – wir / alle Probleme gemeinsam lösen

Reale Bedingung (Gegenwart):
Wenn unsere Chefin organisierter wäre, müssten wir nicht so viele Probleme selbst lösen.

Irreale Bedingung (Vergangenheit):
Wenn unsere Chefin organisierter gewesen wäre, hätten wir nicht so viele Probleme selbst lösen müssen.

nach 6

5 Wiederholung: Relativsätze

a Nominativ – Schreiben Sie die Sätze.

1. das Dokument / es liegt auf dem Tisch / habe ich gelesen

   Das Dokument, das auf dem Tisch liegt, habe ich gelesen.

2. die Frau / sie ist auf dem Foto / ist meine Kollegin

3. der Kunde / er hat mich gerade angerufen / will sich mit mir treffen

4. die Bilder / sie hängen in unserem Büro / finde ich furchtbar hässlich

b Akkusativ – Schreiben Sie die Sätze.

1. das Kind / du siehst es auf dem Foto / bin ich

2. die Liebesbriefe / ich habe sie weggeworfen / waren von meiner Ex-Freundin

3. der Krimi / ich will ihn mir im Fernsehen ansehen / soll sehr spannend sein

4. die Familie / wir haben sie im Urlaub kennengelernt / wird uns im Juni besuchen.

c Mit Präpositionen – Überlegen Sie zuerst: Welcher Kasus steht nach der Präposition? Ergänzen Sie dann die Relativpronomen.

das   dem   dem   den   der   der   die   die

1. Die Themen, über .... meine Freundin und ich streiten, sind oft banal.

2. Die Paarberatung, zu .... wir gegangen sind, hat uns sehr geholfen.

3. Der Psychologe, mit .... wir gearbeitet haben, war sehr professionell.

4. Die Krisen, durch .... wir in unserem Leben gegangen sind, haben uns stärker gemacht.

5. Das Prinzip, durch .... wir uns leiten lassen, heißt Toleranz.

6. Der einzige Mensch, auf .... ich mich verlassen kann, ist meine Partnerin.

7. Das Kind, von .... ich dir erzählt habe, lebt inzwischen bei seinem Vater.

8. Ich möchte gerne die Frau wiedersehen, mit .... ich am Samstag im Club getanzt habe.

6 Relativsätze im Genitiv – Schreiben Sie die Sätze.

1. Meine Kollegin / ich habe dir von ihren Projekten erzählt / will die Firma wechseln (von deren)
2. Mein Onkel / seine Frau macht Karriere / ist sehr glücklich als Hausmann (dessen)
3. Das Problem / seine Lösung ist nicht in Sicht / macht mich krank (dessen)
4. Meine Freundin / wir haben über ihren Mann gesprochen / hat sich scheiden lassen (über deren)
5. Unsere Wochenendbeziehung / das Scheitern war vorprogrammiert / ist jetzt vorbei (deren)
6. Mein Chef / sein Führungsstil war unmöglich / ist entlassen worden (dessen)
7. Das Theaterstück / ich kenne den Autor / wird im Stadttheater aufgeführt (dessen)
8. Unsere Eltern / wir kümmern uns jetzt um ihren Garten / haben uns früher auch viel geholfen (um deren)

1. Meine Freundin, von deren Reisen ich dir erzählt habe, will nach Bali auswandern.

7 Schreiben Sie die Sätze für sich selbst zu Ende. Die Ausdrücke unten helfen.

Ich wünsche mir einen Partner, der / den / dem / mit dem / auf den / dessen …

Ich wünsche mir eine Partnerin, die / die / der / mit der / auf die / deren …

fleißig   liebevoll   großzügig   ehrgeizig   sportlich   attraktiv   zärtlich

viel zusammen machen   vertrauen können   Kinder großziehen   etwas aufbauen   …

Ihr Wortschatz

Nomen

die Abschlussnote, -n ....

das Adoptivkind, -er ....

der Anlass, ⸚e ....

die Belastungsprobe, -n ....

die Direktheit (Sg.) ....

der Druck (Sg.) ....

die Eifersucht (Sg.) ....

das Ereignis, -se ....

der Faktor, -en ....

das Großraumbüro, -s ....

der Kompromiss, -e ....

der Konflikt, -e ....

der Meinungsunterschied, -e ....

das Modell, -e ....

die Patchworkfamilie, -n ....

der Respekt (Sg.) ....

die Rückfrage, -n ....

die Scheidung, -en ....

der Schichtplan, ⸚e ....

die Trendwende, -n ....

die Wirkung, -en ....

die Zärtlichkeit, -en ....

Verben

anhängen ....

ankündigen ....

ausreden (lassen) ....

austragen ....

beruhigen ....

beschäftigen ....

aushandeln ....

jemanden einschalten ....

nachvollziehen ....

sich qualifizieren (für + A.) ....

übernehmen ....

verschaffen ....

verteidigen ....

vertrauen ....

(sich) versöhnen ....

vervollständigen ....

(sich) verwirklichen ....

wagen ....

Adjektive

bewusst/unbewusst ....

extrem ....

gegenseitig ....

gelassen ....

gleichaltrig ....

gleichgeschlechtlich ....

nachtragend ....

vielfältig ....

Andere Wörter und Ausdrücke

bei Bedarf ....

in einer Krise stecken ....

jemandem blind
vertrauen ....

jemandem etwas in die
Schuhe schieben ....

mittlerweile ....

tagsüber/nachts ....

8 Welche Nomen aus „Ihr Wortschatz" passen zu dieser Szene?

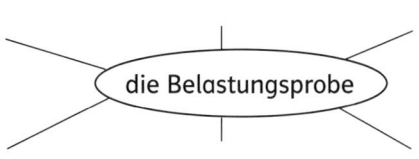

die Belastungsprobe

9 Welcher Ausdruck passt nicht zum Verb? Streichen Sie ihn durch.

1. den eigenen Standpunkt • eine Angeklagte • die Rückfragen • sich selbst — verteidigen
2. dem Konflikt • der Partnerin • dem Chef • dem Wetter — vertrauen
3. Zeitungen • Wirkungen • Meinungsverschiedenheiten • einen Konflikt — austragen
4. ein Ereignis • eine Verlobung • die Eifersucht • eine Beförderung — ankündigen
5. die Zärtlichkeit • ein Kind • eine Kollegin • sich selbst — beruhigen
6. den Stecker in die Steckdose • jemandem etwas in die Schuhe • in einer Krise • etwas in die Tasche — stecken

10 Für Ihren Alltag – Schreiben Sie in Ihrer Sprache.

Ich dachte, dir ist es wichtig, dass ... .

Ich ärgere mich darüber, dass ... .

Mich stört es, wenn ... .

Das sehe ich ein bisschen anders. ....

Ich habe den Eindruck, dass ... .

Was halten Sie davon, wenn ... .

Wie wäre es, wenn ...? ....

Von mir aus gerne. ....

Sie können sich jederzeit gerne an mich wenden. ....

Sie erreichen mich werktags von ... bis ... .

11 Ihre Wörter und Sätze – Schreiben Sie.

Ihre Sprache: Deutsch:

....

....

....

....

12 Ihr Text – Worüber gibt es bei Ihnen häufig Streit? Wie werden die Konflikte gelöst? Welche Kompromisse gibt es? Wie könnte man einige Konflikte vermeiden?

✏ Schreiben Sie in Ihr Heft.

Ein häufiger Grund für Streit ist in meiner Familie ...

14 Weiterbildung

nach 1

1 Wiederholung: Wie heißen die Wörter?

1. Ort, an dem Kinder lernen und spielen, bevor sie zur Schule gehen: K_____

2. In Deutschland ist das die erste Schule für Kinder: G_____

3. Universitätsabschluss, den man nach dem „Bachelor" machen kann: M_____

4. Finanzielle Unterstützung bei der Ausbildung durch eine Institution: S_____

5. Schule, die man während einer beruflichen Ausbildung besucht: B_____

6. Schule, an der Berufstätige ihr Abitur nachholen können: A_____

7. Geld, das man für ein Studium an manchen Universitäten bezahlen muss (Pl.):

   S_____

8. Person, die einen Kurs besucht: K_____

2 *können – kennen – wissen*: Ergänzen Sie das passende Verb in der richtigen Form.

1. Wer .... mir sagen, wie spät es ist, bitte?

2. .... Sie, wo der Kurs stattfindet?

3. Ich .... das Gebäude, aber

   ich .... nicht, in welchem Raum wir

   Unterricht haben.

4. .... Sie schon gut Deutsch sprechen?

5. Ich .... Russland zwar gut, aber die

   Sprache .... ich leider nicht.

6. Leider .... ich bisher keinen Sprachkurs

   besuchen, ich .... einfach nicht, wie ich das zeitlich einrichten sollte.

7. Übrigens, ich .... unsere Lehrerin schon. Sie ist sehr nett und .... uns

   sicher helfen, wenn wir Fragen haben.

8. .... du, ob wir nur eine Lehrerin haben? Im letzten Kurs hatten wir zwei Lehrer.

nach 2

3 Welche Adjektive passen zu den Personen? Ordnen Sie zu.

.... a) belastbar   _1_ b) kollegial   .... c) mobil   .... d) selbstständig

.... e) temperamentvoll   .... f) vorsichtig   .... g) zielstrebig

1. Sabine ist gern bereit, die Schicht zu tauschen, wenn eine Kollegin einen Termin hat.
2. Auch wenn Ali viel arbeiten muss, ist er nie gestresst und erledigt alle Aufgaben gut.
3. Raquel reagiert sofort sehr heftig und emotional.
4. Paolo weiß genau, dass er Karriere machen will und welche Schritte dafür notwendig sind.
5. Bryan trifft die meisten Entscheidungen allein, ohne vorher andere zu fragen.
6. Für Sevinç ist es kein Problem, dass sie in ihrem Beruf viel reisen muss.
7. Leni überlegt sich alles sehr genau, bevor sie eine Entscheidung trifft.

4 Wiederholung: Adjektivdeklination – Ergänzen Sie die Adjektivendungen.

1. Sabrina ist ihrem nette*n*............ Kollegen für seine hilfsbereit.............. Art sehr dankbar.

2. Manche Leute arbeiten heute an mobil.............. Arbeitsplätzen, d. h. sie haben keinen festen Schreibtisch in der Firma und sitzen mal hier und mal da.

3. Mein intolerant.............. Kollege hat glücklicherweise gerade gekündigt. Unter den anderen Mitarbeitern gibt es eine sehr kollegial.............. Atmosphäre.

4. Das Team von Frau Sommer hat eine mutig.............. Entscheidung getroffen.

5. Mit ihrer kämpferisch.............. Art machte sich die neu.............. Mitarbeiterin wenig Freunde.

6. Nach den lang andauernd.............. Verhandlungen konnten die Verträge endlich unterschrieben werden.

7. Durchhaltevermögen und diszipliniert.............. Lernen sind wichtig, wenn man neben dem Beruf eine Weiterbildung macht.

8. Bei diesem ungewöhnlich.............. Projekt haben die Kursteilnehmenden besonders viel gelernt.

5 Lebenslang lernen

a Was hat Jannis Nikolaidis gesagt? Markieren Sie in den Sätzen die Verben in indirekter Rede.

Jannis Nikolaidis ist Rentner und engagiert sich seit kurzem in einem Laientheater. Er lerne immer gern etwas Neues und habe schon seit langem vom Schauspiel geträumt. Aber erst jetzt, nachdem er in Rente sei, habe er Zeit für dieses Hobby, sagt der gebürtige Grieche. Es mache ihm viel Spaß, die Stücke zu proben. Solange er es könne, wolle er sein Hobby ausüben, erzählt der 68-Jährige. Jannis lebt seit über 40 Jahren in Deutschland und spricht sehr gut Deutsch. Trotzdem sei es für ihn eine besondere Herausforderung, auf der Bühne zu stehen, meint er.

b Schreiben Sie die Sätze in der indirekten Rede aus 5a in der direkten Rede. Achten Sie auch auf die Pronomen.

„Ich lerne immer gern etwas Neues und habe schon seit langem vom Schauspiel geträumt. ....

....

....

....

nach 3

6 Welche zwei Wörter haben jeweils eine ähnliche Bedeutung?

~~akzeptieren~~   mehr sein   genehmigen   anfangen   unterstützen

       bekommen   ähnlich sein   belegen

1. anerkennen   *akzeptieren* ....   5. fördern   ....

2. beginnen   ....   6. gewähren   ....

3. entsprechen   ....   7. nachweisen   ....

4. erhalten   ....   8. übersteigen   ....

7 Ergänzen Sie die E-Mail.

Vestor-Privat-Universität, jetzt neu:

Weiterbildung in
- Umweltmanagement,
- Umweltmanagement und Technik,
- erneuerbare Energien

Sehr gee_____ Damen und Her_____,

im Inte_____ bin i___ auf Ih___ Weiterbildungsangebote im

Ber_____ Umweltmanagement aufme_____ geworden u___

würde ge_____ mehr Inform_____ über d___ Programm

Umweltma_____ und Tec_____ bekommen. Wel_____

inhaltlichen Schwerp_____ werden in die_____ Kurs gesetzt? Ist

ei___ Aufnahme d___ Studiums jede_____ möglich? Bes_____

die Mögli_____, ein Stipe_____ zu beko_____?

Bitte sen_____ Sie m___ Informationsmaterial zu.

M___ freundlichen Grü_____

Camila Buendía

8 Was beim Lernen hilft. – Ergänzen Sie die passenden Wörter in der richtigen Form.

~~untersuchen~~   Pause   konzentriert   fördern   Lernblockaden   Weiterbildung   *zeigen*

Lernstoff   Lernumgebung   erreichen   steigern   spielen   Anspannung

Die Gehirnforschung hat (1) _untersucht_........................., wie Gefühle

die Lernleistung beeinflussen. Die Untersuchungsergebnisse

haben (2) ...., dass positive oder negative

Gefühle beim Lernen eine große Rolle (3) ....

Angst kann unsere Speicherfähigkeit und unser kreatives

Potential sehr einschränken und (4) ....

verursachen. Positive Gefühle dagegen (5) .... das Lernen. Ein bisschen Stress

kann die Lernleistung sogar (6) ....

Das sagen einige Schüler und Schülerinnen zum Thema effektives Lernen: **Cindy, 17:** Für mich ist

eine angenehme (7) .... ganz wichtig. Ich lerne am liebsten zu Hause und mit

Menschen, mit denen ich mich wohlfühle. **Ahmed, 18:** Man muss sich auch belohnen, wenn man

etwas (8) .... hat. Wenn ich viel gelernt habe, mache ich ganz bewusst eine

(9) .... **Luisa 22:** Seit ich meine (10) .... mache, macht mir

das Lernen wirklich Spaß. Ich muss mich nicht zwingen, mich mit dem (11) .... zu

beschäftigen. Für mich ist Spaß beim Lernen ganz wesentlich! **Leon 17:** Mir hilft ein bisschen Stress,

eine leichte (12) .... Dann lerne ich schneller und (13) ....

9 Wiederholung: Konjunktiv II – Schreiben Sie die Sätze.

1. Ich gehe gern zu Fuß zur Arbeit.

   Ich würde gern zu Fuß zur Arbeit gehen.

2. Du bist glücklich hier, wenn die Sonne scheint.

3. Kann meine Kollegin Sie morgen anrufen?

4. Wir müssen für den Test lernen.

5. Ihr habt noch viel Zeit, wenn ihr den Zug nehmt.

6. Du sollst das Auto kaufen.

10 Irreale Vergleichssätze

a Schreiben Sie die Sätze mit den Informationen zu Ende.

1. Hanne ist vor einer Reise immer sehr nervös.
   a) Sie hat immer das Gefühl, als *würde sie etwas Wichtiges vergessen.*
      (Sie vergisst etwas Wichtiges.)
   b) Es kommt ihr so vor, als wenn ....
      (Sie muss vorher noch ganz viel erledigen.)

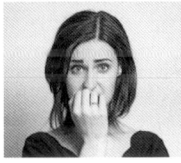

2. Sari hat oft Angst vor Prüfungen.
   a) Es ist dann so, als ....
      (Sie kann sich nicht konzentrieren.)
   b) Sie fühlt sich, als ob ....
      (Ihr Kopf ist leer.)

3. Tom musste auf die Ergebnisse seiner Abschlussprüfung lange warten.
   a) Es kam ihm so vor, als ob ....
      (Die Zeit vergeht nicht.)
   b) Es fühlte sich so an, als wenn ....
      (Tage sind Jahre.)

b Schreiben Sie die Sätze wie im Beispiel.

1. es / so aussehen / , // es / gleich regnen / . (als ob)
2. ich / mich so fühlen / , // ich / eine Erkältung bekommen / . (als wenn)
3. meine Kollegin / so wirken / , // sie / ein Problem haben / . (als)
4. zuerst / so aussehen / , // die Mannschaft / das Spiel gewinnen können / . (als ob)
5. er / sich so fühlen / , // er / im Lotto gewinnen / . (als wenn)
6. sie / so wirken / , // sie / 10 Jahre jünger sein / . (als)
7. es / so scheinen / , // wir / schnell eine Entscheidung treffen müssen / . (als ob)
8. wir / das Gefühl haben / , // wir / uns schon immer kennen / . (als)

1. Es sieht so aus, als ob es gleich regnen würde.

Ihr Wortschatz

Nomen

das Anerkennungs-
  verfahren, – ....

der Anmeldeschluss *(Sg.)* ....

die Anreise, -n ....

das Berufsbild, -er ....

das Durchhalte-
  vermögen *(Sg.)* ....

der Einfluss, ⁼e ....

die Fachkraft, ⁼e ....

das Jahreseinkommen, – ....

das Mitgefühl *(Sg.)* ....

der Nutzen *(Sg.)* ....

die Pubertät *(Sg.)* ....

die Schwangerschaft, -en ....

das Stipendium, Stipendien ....

die Umschulung, -en ....

die Unterstützung, -en ....

die Weiterbildung, -en ....

Verben

beantragen ....

betonen ....

blockieren ....

differenzieren
  (zwischen + D.) ....

drohen ....

einschränken ....

entsprechen ....

erkennen ....

forschen ....

nachweisen ....

senken/steigern ....

signalisieren ....

promovieren ....

übersteigen ....

verknüpfen (mit + D.) ....

versteuern ....

verursachen ....

sich wenden (an + A.) ....

zunehmen/abnehmen ....

Adjektive

diszipliniert ....

erwerbstätig/erwerbslos ....

grundlegend ....

intensiv/extensiv ....

kämpferisch ....

messbar ....

offensichtlich ....

stellvertretend (für +A.) ....

temperamentvoll/
  temperamentlos ....

verantwortungsbewusst/
  verantwortungslos ....

tolerant/intolerant ....

zielstrebig/ziellos ....

zäh ....

Andere Wörter und Ausdrücke

einen Abschluss
  nachholen ....

Kontakte knüpfen ....

mehr als genug ....

11 Ergänzen Sie Verben oder Nomen aus „Ihr Wortschatz".

1. .... der Antrag

2. anreisen ....

3. .... die Blockade

4. .... die Einschränkung

5. .... die Forschung

6. .... der Nachweis

7. umschulen ....

8. sich weiterbilden ....

12 Ergänzen Sie die passenden Nomen aus „Ihr Wortschatz".

1. Kannst du mir helfen? Ich brauche wirklich ein bisschen .... in Mathematik.

2. Wenn man sich auf eine Prüfung vorbereitet, braucht man Geduld und ....

3. Der .... für die Prüfung ist der 31.3.

4. Diese Weiterbildung ist nicht billig. Hast du schon versucht, dich um ein ....

   zu bewerben?

5. Weil Carl eine Allergie entwickelt hat, kann er seinen Beruf als Tischler nicht mehr ausüben und macht

   jetzt eine .... zum Bauzeichner.

13 Für Ihren Alltag – Schreiben Sie in Ihrer Sprache.

Weiterbildung bedeutet, dass … ....

Ich habe mich so gefühlt, als ob … ....

Es sah so aus, als wenn … ....

Es kommt mir so vor, als ob … ....

Das geht mir auch so. ....

Durch … bin ich auf … aufmerksam geworden. ....

Zurzeit arbeite ich bei … als … ....

Von der Weiterbildung verspreche ich mir, … ....

14 Ihre Wörter und Sätze – Schreiben Sie.

Ihre Sprache: Deutsch:

....

....

....

....

15 Ihr Text – Was haben Sie wann gelernt? Haben Sie das gern / nicht so gern gelernt?

Warum? 🖊 **Schreiben Sie in Ihr Heft.**

Schwimmen habe ich erst gelernt, als wir nach Deutschland kamen. Am Anfang war es
nicht leicht für mich, …

C Grammatik wiederholen

Negationswörter

> – Mit *nicht* verneint man Verben oder ganze Aussagen, mit *kein/keine* verneint man Nomen.
>   *Ich komme heute nicht, weil ich keine Zeit habe.*
> – Weitere Negationswörter sind *nichts, niemand, nie/niemals, noch nie, nirgends/nirgendwo*.

1 Gegenteile – Ergänzen Sie die passenden Negationswörter aus dem Kasten oben.

1. schon immer _noch nie_

2. etwas/alles ....

3. jemand/alle ....

4. immer ....

5. irgendwo/überall ....

2 *nicht* oder *kein*? Ergänzen Sie. Achten Sie bei *kein* auf die Endungen.

● Haben Sie das Angebot für Frau Fröling schon geschrieben?

○ Ich habe es noch (1) .... geschrieben, weil ich (2) .... Zeit hatte.

● Das ist aber (3) .... gut. Man sollte eine Kundin (4) .... warten lassen!

○ Ich habe aber auch noch (5) .... Informationen darüber, was sie genau möchte.

● Dann sollten Sie (6) .... zögern, die Kundin noch mal zu kontaktieren. Und haben Sie

   bitte (7) .... Angst davor, mich anzusprechen, falls Sie noch Fragen haben.

3 Ergänzen Sie die passenden Negationswörter. Zum Teil gibt es mehrere Möglichkeiten.

Eigentlich wollte ich schon lange eine Weiterbildung zur Heilpraktikerin machen, aber mein Problem war,

dass ich (1) .... über Förderprogramme wusste und trotz langer Suche

(2) .... ein Angebot fand, das zu meinen Bedürfnissen passte. Und ich kannte auch

(3) ...., der mich zu dem Thema beraten konnte. Damals waren meine Kinder außerdem

noch sehr klein, und ich hatte (4) .... genug Zeit. Aber kürzlich erzählte mir eine Freundin

von einer tollen Weiterbildung, und an der werde ich jetzt teilnehmen!

Indefinitartikel und Indefinitpronomen

> *alle, viele, einige, manche* und *wenige* kann man als Artikel oder als Pronomen verwenden:
> – Nominativ: *Ich habe alle Kolleginnen und Kollegen informiert. → Ich habe alle informiert.*
> – Akkusativ: *Ich habe heute früh alle (Kolleginnen und Kollegen) gesehen.*
> – Dativ: *Ich habe mit allen (Kolleginnen und Kollegen) gesprochen.*

1 Wie viele? Ergänzen Sie Wörter aus dem Kasten.

≈ 100 %	≈ 90 %	≈ 80%	≈ 50 %	≈ 40 %	≈ 20%	≈ 10 %	≈ 0 %
alle	die meisten	....	die Hälfte	....	....	....	niemand

2 Wie ist das bei Ihnen in der Firma oder in der Familie? Schreiben Sie Sätze.

Alle mögen Pizza. Die meisten sprechen Englisch. ...

Angaben im Satz

- Die Angaben im Satz stehen meistens in dieser Reihenfolge:
  wann (temporal) – *warum* (kausal) – *wie* (modal) – *wo* (lokal)
  Sie erzählt heute zum Spaß mit viel Humor im Büro Geschichten über die Chefin.
- Eine Angabe kann auch am Satzanfang stehen. Die Reihenfolge der anderen Angaben bleibt gleich:
  Heute erzählt sie zum Spaß mit viel Humor im Büro Geschichten über die Chefin.

1 Variieren Sie die Sätze: Beginnen Sie mit dem unterstrichenen Satzteil.

1. Viele Menschen arbeiten <u>heutzutage</u> aufgrund der Globalisierung im Ausland.

   Heutzutage arbeiten ....

   ....

2. Mein Kollege war gestern <u>wegen einer Dienstreise</u> nicht in der Firma.

   ....

   ....

3. Man spricht seit einiger Zeit wegen der Globalisierung <u>in vielen Firmen</u> Englisch.

   ....

   ....

4. Deutschland wirbt <u>trotz des Fachkräftemangels</u> noch nicht intensiv genug um qualifizierte Fachkräfte.

   ....

   ....

2 Schreiben Sie die Sätze neu und ergänzen Sie die Angaben an den richtigen Stellen.

1. Er ist vor kurzem wegen eines interessanten Stellenangebots nach Deutschland gezogen. (spontan)

   ....

   ....

2. Er arbeitet mit Begeisterung an seinem neuen Projekt. (wegen der interessanten Aufgaben)

   ....

   ....

3. Er hat intensiv ein ähnliches Projekt in Brasilien betreut. (früher)

   ....

4. Er fühlt sich wegen des guten Arbeitsklimas wohl. (in der neuen Firma)

   ....

3 Ordnen Sie und schreiben Sie die Sätze.

1. wegen ihrer silbernen Hochzeit / meine Eltern / feiern / ein großes Fest / nächstes Jahr / in Mainz / .
2. nach der Elternzeit / mein Partner / in seiner Firma / überraschend / eine interessantere Stelle / bekommen / . (Perfekt)
3. sie / eine Firma / gründen / gleich nach dem Studium / in Berlin / trotz des hohen Risikos / . (Perfekt)

   1. Meine Eltern feiern ...

Passiv

Das **Vorgangspassiv** bildet man so: *werden* (konjugiert) + Verb im Partizip II
Das Vorgangspassiv wird verwendet, wenn die Person nicht wichtig ist, man ihren Namen nicht kennen muss oder wenn man die Person nicht nennen will.

Präsens	*Die Ware wird geliefert.*
Präteritum	*Die Ware wurde geliefert.*
Perfekt	*Die Ware ist geliefert worden.*
mit Modalverb	*Die Ware muss heute noch geliefert werden.*

Wenn man die handelnde Person im Passivsatz nennen will, verwendet man
von + die Person/Institution.
Die Ware wird von der Spedition angeliefert. Die Ware wurde vom Hersteller versandt.

Das **Zustandspassiv** bildet man so: *sein* (konjugiert) + Verb im Partizip II
Beim Zustandspassiv ist das Ergebnis der Handlung wichtig.

Präsens	*Die Ware ist geliefert.*
	Die Regale sind eingeräumt.
Präteritum	*Das Licht war angeschaltet.*

1 Was passiert heute im Medienkaufhaus? – Schreiben Sie die Sätze.

1. Waren anliefern   *Die Waren werden angeliefert.*
2. Kunden beraten   ....
3. Waren auspacken   ....
4. Waren einsortieren   ....
5. Dienstplan besprechen   ....
6. Rechnungen schreiben   ....

2 Das wurde in den letzten Wochen gemacht. Schreiben Sie die Sätze im Passiv Präteritum.

1. neue Mitarbeiterinnen einstellen

Neue Mitarbeiterinnen wurden eingestellt.

2. neue Waren bestellen

....

3. neue Scannerkassen aufbauen

....

4. die Computerabteilung vergrößern

....

5. die Fotoabteilung schließen

....

6. ein Café eröffnen

....

3 **Die Wohnung ist fertig. Was ist gemacht worden? Schreiben Sie die Sätze im Passiv Perfekt.**

1. die neuen Leitungen legen — *Die neuen Leitungen sind gelegt worden.*
2. das Bad renovieren — ....
3. die Wände streichen — ....
4. die Küche einbauen — ....
5. die elektrischen Geräte installieren — ....
6. die Wohnung sauber machen — ....

4 **Was ist von wem gemacht worden? Schreiben Sie die Sätze.**

1. Lampen montieren / Elektrikerin

   Die Lampen sind von der Elektrikerin montiert worden.

2. die Büros neu gestalten / Innenarchitektin

   ....

3. die Wände streichen / Maler (Pl.)

   ....

4. das Netzwerk installieren / Netzwerktechnikerin

   ....

5. Büromöbel bauen / Schreiner (Sg.)

   ....

5 **Morgens im Hotel – Was muss gemacht werden? Schreiben Sie die Passivsätze mit Modalverb.**

1. das Frühstück vorbereiten — *Das Frühstück muss ...*
2. die Tische decken — ....
3. das Frühstücksbuffet aufbauen — ....
4. die Rechnungen ausdrucken — ....
5. die Gäste verabschieden — ....

6 **Nach Feierabend im Restaurant – Alles fertig! Schreiben Sie die Sätze im Zustandspassiv.**

✓ Herd ausschalten — *Der Herd ist ausgeschaltet.*
✓ Küche aufräumen — ....
✓ Stühle hochstellen — ....
✓ Fußboden putzen — ....
✓ Abrechnungen machen — ....
✓ Trinkgeld aufteilen — ....

Konjunktiv II (Vergangenheit)

Den Konjunktiv II der Vergangenheit verwendet man, um Folgendes auszudrücken:
- Wünsche, die nicht erfüllt wurden: *Ich hätte gern studiert, aber ich musste gleich arbeiten.*
- Ratschläge zu etwas, was schon passiert ist: *An deiner Stelle hätte ich versucht, ein Stipendium zu bekommen.*
- irreale Bedingungen in der Vergangenheit: *Wenn ich studiert hätte, wäre ich Architektin geworden.*

Bildung: *haben* oder *sein* im Konjunktiv II + Partizip II: *ich hätte gemacht, ich wäre gekommen*

1 **Was haben die Personen sich gewünscht? – Ergänzen Sie die Sätze im Konjunktiv II der Vergangenheit wie im Beispiel.**

1. ich / am Sonntag gerne einen Ausflug / machen – aber es hat geregnet

   Ich hätte am Sonntag gerne einen Ausflug gemacht, aber es hat geregnet.

2. er / am Montag gerne seine Freundin / treffen – aber sie hatte keine Zeit

   ....

3. Lucian / gerne eine Weiterbildung / machen – aber seine Chefin hat ihm nicht freigegeben

   ....

4. mein Bruder / gerne ein neues Handy / kaufen – aber er hatte nicht genug Geld

   ....

5. Tania / gerne ins Ausland / gehen – aber dann hat sie sich hier verliebt

   ....

2 **Schreiben Sie mit den Sätzen aus 1 irreale Bedingungssätze in der Vergangenheit.**

1. Wenn es nicht geregnet hätte, hätte ich am Sonntag einen Ausflug gemacht.
Ich hätte am Sonntag einen Ausflug gemacht, wenn …

3 **Schreiben Sie zu den Sätzen aus 1 Ratschläge in der Vergangenheit.**

1. einen Schirm mitnehmen

   An deiner Stelle *hätte ich einen Schirm mitgenommen.* ....

2. ihr einen anderen Termin vorschlagen

   Ich hätte ....

3. der Chefin klar machen sollen, wie wichtig die Weiterbildung ist

   Er ....

4. ein günstiges Modell nehmen

   An seiner Stelle ....

5. eine Fernbeziehung in Kauf nehmen können

   Sie ....

Hauptsatz-Konnektoren

> – Konnektoren auf Position 0: *und, oder, aber, denn, sondern.*
>   Merken Sie sich diese Konnektoren mit einer Abkürzung, z. B. *aduso* für *aber denn und sondern oder.*
>   Vor *und* und *oder* steht kein Komma, vor *aber, denn* und *sondern* steht immer ein Komma.
> – Konnektoren auf Position 1: *deshalb, deswegen, daher, darum, aus diesem Grund, also, trotzdem.*
>   Vor diesen Konnektoren steht immer ein Komma.

1 Welcher Konnektor passt zur Verbposition? Markieren Sie.

1. Ich möchte später einen sicheren Arbeitsplatz, [X] deshalb ◯ und mache ich eine Ausbildung.
2. Ich habe noch nie an einer Fortbildung teilgenommen, ◯ aus diesem Grund ◯ aber möchte ich das jetzt endlich einmal machen.
3. Mein Chef stellt uns für Fortbildungen frei, ◯ denn ◯ deshalb er findet das wichtig.
4. In meinem Team gibt es zurzeit öfters Streit, ◯ daher ◯ denn interessiere ich mich für ein Seminar zum Thema Konfliktmanagement.
5. Bei einem dualen Studium hat man kaum Freizeit, ◯ darum ◯ sondern man muss viel arbeiten.
6. Es ist keine leichte Lebensphase, ◯ trotzdem ◯ sondern kann man diese Zeit auch genießen.

2 Verbinden Sie die Sätze mit *und, oder, aber, denn* oder *sondern*. Achten Sie auf die Verbposition. Es gibt mehrere Möglichkeiten.

1. Ich möchte studieren. Davor muss ich eine Sprachprüfung bestehen.

   Ich möchte studieren, aber davor muss ich ...

2. Meine Freundin geht ein Jahr nach England. Sie fängt in Leipzig eine Ausbildung an.

   ....

3. Mein Onkel hat nicht studiert. Er musste gleich nach der Schule Geld verdienen.

   ....

4. Er hat das Geld gebraucht. Er musste für seine Familie sorgen.

   ....

5. Er hat auf dem zweiten Bildungsweg das Abitur nachgemacht. Jetzt studiert er.

   ....

3 Ergänzen Sie die Sätze frei.

1. ...., deshalb lebe ich jetzt hier.
2. Am Anfang hatte ich Schwierigkeiten mit ....,

   aber jetzt ....
3. Zurzeit lerne ich Deutsch, denn ....
4. Ich habe nicht viel Zeit zum Lernen, trotzdem ....

   ....
5. Die Sprache ist wichtig, um hier richtig anzukommen, aus diesem Grund ....

   ....

Lösungen

Kapitel 1

1a die Kaffeemaschine, -n; der Hocker, –;
die Arbeitsschürze, -n; die Klimaanlage, -n;
der Bildschirm, -e; der Schutzhelm, -e;
der Putzeimer, –; die Leiter, -n; der Werkzeugkasten, ⸚

1b 2. Leiter; 3. Klimaanlage; 4. Arbeitsschürze;
5. Putzeimer; 6. Bildschirm; 7. Werkzeugkasten

2a (2) einziehen; (3) renovieren; (4) streichen;
(5) abschleifen; (6) planen; (7) kontaktiert;
(8) gepackt; (9) anmelden; (10) stellen

2b 2. Maik lässt das Büro renovieren.
3. Wir lassen unsere Werkstatt immer putzen.
4. Ihr lasst die Lampen anschließen.
5. Unsere Nachbarn lassen die Böden
abschleifen.
6. Ich lasse die Hemden bügeln.

3 1. Ich würde gern ein Angebot einholen.
2. Haben Sie beim Preis noch etwas Spielraum?
3. An welchem Termin wollen Sie umziehen?
4. Können Sie die alten Regale entsorgen?
5. Möchten Sie die Möbel selbst abbauen?
6. Wir können Ihnen beim Termin entgegenkommen.

4a 2. vorige Woche in den neuen Räumen;
3. gestern … auf der Bank; 4. schon am Montag
in die neuen Räume; 5. nächste Woche in das
Büro

4b 2. Vorige Woche haben wir den Mietvertrag in
der neuen Wohnung unterschrieben. 3. Gestern
habe ich die Kaution auf der Bank eingezahlt.
4. Schon am Montag hat meine Kollegin ihre
Sachen in die neuen Räume gebracht. 5. Nächste
Woche werde ich in das Büro umziehen.

4c 2. Er findet aufgrund der hohen Mietpreise
schwer eine Werkstatt. 3. Wir haben wegen
unseres Umzugs leider kein WLAN. 4. Wir finden
trotz vieler Bemühungen nicht sofort ein
Umzugsunternehmen. 5. Er organisiert den
Umzug wegen des Zeitdrucks mithilfe von
Freunden.

4d 2. *Zeit:* letzte Woche; *Grund/Gegengrund:* trotz
der großen Nachfrage; *Art und Weise:* durch
Beziehungen; *Ort:* direkt am Park
3. *Zeit:* fünf Jahre lang; *Grund/Gegengrund:*
wegen der netten Gemeinschaft
4. *Zeit:* so früh wie möglich; *Art und Weise:* allein;
Ort: in eine kleine Wohnung
5. *Zeit:* nächstes Jahr; *Grund/Gegengrund:* wegen
seiner neuen Freundin; *Art und Weise:* ganz
schnell; *Ort:* nach Schweden

2. Wir haben letzte Woche trotz der großen
Nachfrage durch Beziehungen eine neue
Wohnung direkt am Park bekommen. 3. Als
Studentin habe ich fünf Jahre lang wegen der
netten Gemeinschaft mit vier anderen Studentinnen zusammengewohnt. 4. Meine Freundin
möchte so früh wie möglich allein in eine kleine
Wohnung nach Kreuzberg ziehen. 5. Sven will
nächstes Jahr wegen seiner neuen Freundin
ganz schnell nach Schweden umziehen.

5 2. Der Hausmeister muss benachrichtigt werden.
Der Klempner muss gerufen werden. Er muss
repariert/ausgetauscht werden. 3. Der Hausmeister muss benachrichtigt werden. Sie muss
überprüft/repariert werden. 4. Der Klempner
muss gerufen werden. / Er muss gereinigt werden. 5. Der Hausmeister muss benachrichtigt
werden. Sie muss ausgetauscht/repariert werden. 6. Der Hausmeister muss benachrichtigt
werden. Die Fenstergriffe müssen ausge-
tauscht/repariert werden.

6 mitgeteilt; unsere; obwohl; sie; überprüft;
beträgt; zurzeit; Grad; den; wir; oder; frieren;
Deshalb; Sie; die; schnell; noch; lassen; Heizung;
Woche; werde; dem; die; kürzen; täglich; Hause;
erreichen; aber; über

7 1. *der Umzug:* der Fixpreis; der Grundriss; die
Hausverwaltung; der Internetanschluss; der
Nachsendeantrag; das Stockwerk; die Umzugsfirma; der Umzugskarton; die Unterlagen, die
Zusage 2. *Das kann man reparieren:* die Einbauküche, der Fahrstuhl, der Fenstergriff, der Internetanschluss, die Leitung, das Parkett, der Rollladen, die Schublade

8 (1) kontaktiert; (2) vereinbart; (3) abschleifen;
(4) streichen; (5) besorgt; (6) tropft; (7) klemmt;
(8) beheben

Kapitel 2

1 2. die Teilzeit (Sg.); 3. die Gleitzeit (Sg.); 4. die Überstunde, -n; 5. der Schichtdienst, -e; 6. die Frühschicht, -en; 7. die Spätschicht, -en; 8. die Nachtschicht, -en; 9. der Feierabend, -e; 10. die Öffnungszeit, -en

2 (2) Warenangebot; (3) Auswahl; (4) rund um die Uhr; (5) freiberuflich; (6) Zuhause; (7) Arbeitszeiten; (8) hetzen; (9) Hunger; (10) Durst; (11) Besitzer; (12) ein offenes Ohr

3a (1) kein; (2) keine; (3) nicht; (4) nicht

3b 1. d) (+ a) ; 2. a); 3. b) (+ e); 4. e); 5. g); 6. c); 7. h); 8. f)

4a 1. profitieren; 2. begehren; 3. öffnen; 4. machen; 5. verkaufen; 6. verlieren; 7. aufnehmen; 8. bilden; 9. einkaufen; 10. ansparen

4b 1. habe … geführt/betrieben; 2. überprüfen/ kontrollieren; 3. unterschreiben/abgeschlossen hatte; 4. erweitere; 5. Haben … angenommen/ kontrolliert/überprüft; 6. haben … entwickelt

5a ob; eigenen; soll; gern; eigentlich; nie; einen; machen; mir; erlernter; Buchhalter; mehr; mit; Chefin; Gleichzeitig; Nachfrage; immer; Viele; Bekannten; ich; ihren; habe; Ahnung; Selbst- ständiger; mir; wie; kann; jemand; etwas; und; ein; Tipps;
Hallo; finde; dass; Mut; etwas; ich; sicher; großen; kannst; der; leicht; musst; planen; jeder; Seminare; für; habe; Jahren; aufgemacht; vorher; einem; und; Tipps; und; bekommen; ein; haben; ist; die; Geschäfts; einen; musst; die; dir; sehen

5b 1. aufnehmen; 2. machen; 3. gründen; 4. geben; 5. mieten; 6. abbringen; 7. leben; 8. teilnehmen; 9. nähen

6a 2. alles; 3. immer; 4. überall

6b 2. Ich kann meine Brille nicht finden. 3. Ich bin hungrig und habe nichts zu essen. 4. Ich habe niemals aufgegeben. 5. Die alte Frau hatte seit drei Tagen mit niemandem gesprochen. 6. Er weiß nichts.

7 (1) Schicht; (2) übernehmen; (3) kann; (4) nicht; (5) Termin; (6) kann; (7) bis; (8) Zeit; (9) geht; (10) kann

8 2. Können Sie eine Stunde früher kommen, bitte? 3. Ist es möglich, dass du am Samstag arbeitest? 4. Schreiben Sie heute noch die E-Mail an K&L, bitte. 5. Könnt ihr mir morgen bitte helfen? 6. Kannst du heute Abend für mich einspringen? 7. Sie müssen die Schicht am Samstagmorgen übernehmen. 8. Ich kann Frau Gordi am Wochenende vertreten.

9 **Beispiele:** *selbstständig: die Geschäftsidee,* der Besitzer; die Besitzerin; die Buchführung; der Familienbetrieb; der Pachtvertrag; die Pleite; die Reserve; die Rücklagen; die Verwirk- lichung; der Zuschuss; betreiben; eröffnen; pleitegehen; übernehmen; freiberuflich *angestellt: die Frühschicht,* die Gleitzeit; der Schichtdienst; die Spätschicht; der/die Vorgesetzte

10 1. einteilst; 2. einhalten; 3. pleitegeht; 4. über- nimmt; 5. profitiert; 6. eröffnet/übernommen

Kapitel 3

1 2. üben; loben; 3. umgehen; 4. hinterlassen; 5. hält; 6. vertuscht; 7. führen; 8. vorstellen

2a *Passiv Präsens: werde eingearbeitet;* wirst gefah- ren; wird trainiert; werden eingeladen; werden gefilmt; werden beobachtet
Passiv Präteritum: wurde eingearbeitet; wurdest gefahren; wurde trainiert, wurden eingeladen; wurdet gefilmt; wurdet beobachtet

2b 2. Die Rundmail wurde verschickt. 3. Die Teamar- beit wurde organisiert. 4. Der Auftrag wurde angenommen. 5. Ein Kollege wurde besonders gelobt. 6. Wurdet ihr von der Personalabteilung angerufen? 7. Die Arbeitsaufträge wurden ver- teilt. 8. Ich wurde nach Hause geschickt. 9. Wir wurden von der Chefin kritisiert. 10. Alle Kunden wurden zum Fest eingeladen.

3 Kunden; Lieferanten; Teil; werde; des; Team; aus; für; verlassen; ich; bei; und; für; Zusammenar- beit; vergangenen; Hin; werden; Kontakt; ich; als; unterstützen; möchte; meinen; vorstellen; aus; seit; in; für; und; hat; seiner; entdeckt; sehr; Menschen; hat; Catering; Fachhochschule; An- schließend; einige; einem; Wir; dass; Team; Bereichen; Buchhaltung; Ich; alles; freundlichen

4 (1) Besprechung; (2) Datum; (3) Beginn; (4) Dauer; (5) Ort; (6) TOP; (7) Protokollant

5a 1. sagen; 2. begrüßen; 3. beweisen; 4. einladen; 5. führen; 6. kontrollieren

5b (2) wollen; (3) halten; (4) halte; (5) können; (6) wäre; (7) würde; (8) kennt; (9) stimmt; (10) könnte; (11) meinen; (12) finde; (13) können; (14) verstanden; (15) übernehme

5c 1. Sitzung; 2. Protokoll; 3. Gerücht; 4. Termine; 5. Ablauf; 6. Visitenkarte

6 2. *motivierend* – demotivierend; 3. rational – *emotional*; 4. *strukturiert* – chaotisch; 5. innovativ – *traditionell*; 6. *konstruktiv* – destruktiv; 7. optimistisch – *pessimistisch*; 8. *sachlich* – unsachlich; 9. komplex – *einfach*; 10. *ausgleichend* – provozierend

7 (2) über Bord werfen; (3) in die Tat umzusetzen; (4) Gegenpol; (5) ignoriert; (6) Ergebnisse zu erzielen; (7) ohne Rücksicht auf; (8) auf … festlegen; (9) improvisieren; (10) Ausdauer

8 1. die Neugier; 2. die Kompetenz; 3. das Protokoll; 4. die Teamarbeit; 5. der Entwurf; 6. die Innovation; 7. die Schulung; 8. die Flexibilität

9 1. hat … vertuscht; 2. hat verhindert; 3. komme … auf … zu; 4. umgesetzt hatten; 5. wurde über … abgestimmt; 6. teilen … in … auf

Kapitel 4

1a *Campingurlaub:* der Gaskocher; ~~die Hoteladresse~~; der Schlafsack; die Luftmatratze; das Zelt; *Stadtereise:* der Reiseführer; ~~das Durchfallmittel~~; der Stadtplan; die Buchungsbestätigung; die Hoteladresse; *Fahrradtour:* das Werkzeug; der Ersatzschlauch; ~~der Führerschein~~; der Regenschutz; die Luftpumpe; *Dokumente:* der Impfpass; die Versichertenkarte; ~~das Zelt~~; der Reisepass; der Führerschein; *Gesundheit:* ~~die Luftpumpe~~; das Schmerzmittel; das Verbandszeug; die Reisetabletten; das Durchfallmittel

1b *Campingurlaub:* das Taschenmesser; *Städtereise:* die Flugtickets; *Fahrradtour:* die Landkarte; der Fahrradhelm; das Taschenmesser; *Dokumente:* das Visum; der Auslandskrankenschein; die Flugtickets; *Gesundheit:* der Mückenschutz; das Pflaster

2 Damen; Herren; meine; suche; nach; Reiseangebot; Deutschland; sind; Erwachsene; drei, zwischen; Jahren; des; Ortes; wir; flexibel; möchten; Ferienwohnung; ein; kinderfreundliches; wir; gut; können; sind; gute; wie; oder; der; Außerdem; wir; für; Kinder; Möglichkeit; Sportkursen; Bitte; Sie; ein; Angebote; besten; Frühbucherrabatt; freundlichen

3 (2) müsstest; (3) würde; (4) wären; (5) könntest; (6) würden; (7) solltet; (8) könntet; (9) sollte

4a 3. a); 4. b); 6. c); 1. d); 5. e); 2. f)

4b 2. Du hättest eine Liste schreiben sollen. 3. Du hättest gleich bei der Buchung vegetarisches Essen bestellen sollen. 4. Du hättest vor der Reise einen günstigen Wagen reservieren sollen. 5. Du hättest den Reiseveranstalter um ein ruhiges Hotel bitten sollen. 6. Du hättest eine starke Sonnencreme mitnehmen sollen.

5 (1) Ausbildung; (2) Beruf; (3) Umgang; (4) Beratungsgespräche; (5) Organisationstalent; (6) kalkulieren; (7) Marketing; (8) attraktiv; (9) Voraussetzung; (10) gefällt; (11) stört; (12) Verdienstmöglichkeiten

6 4 a); 6 b); 3 c); 7 d); 5 e); 2 f); 1 g)

7 1. e); 2. c); 3. a); 4. d); 5. b)

8 (2) a; (3) b; (4) c; (5) c

9 (2) f; (3) e; (4) b; (5) c; (6) a

10 1. die Begeisterung; 2. die Pauschalreise; 3. die Anerkennung; 4. stornieren; 5. unterwegs sein; 6. abwechslungsreich; 7. hoffnungslos; 8. reibungslos

11 (1) abgeschlossen; (2) betreuen; (3) erholen; (4) umgehen; (5) spezialisiert; (6) berät

Kapitel 5

1a 1. Möbel; Lampen; 2. Böden; Stromleitungen; Steckdosen; Kabel; 3. Wände; 4. Kleidung; Gardinen; Kissen; 5. Wände; Möbel; Fenster; 6. Steckdosen; Lampen; Kabel; 7. Metallstücke; 8. Computerprogramme; Lampen; Kabel

1b 2. die Schraube; den Schraubenzieher; 3. den Eimer; 4. die Farbrolle; der Pinsel; 5. die Bohrmaschine; 6. die Zange; 7. die Schere; 8. den Faden; die Nadel

1c Lösungsvorschlag: 2. Ich habe noch nie ein Loch in die Wand gebohrt, aber ich habe schon Wände gestrichen. 3. Ich habe noch nie ein Bild an die Wand gehängt, aber ich habe schon etwas genäht. 4. Ich habe noch nie etwas angeschraubt, aber ich habe schon Stoff zugeschnitten.

2 (2) stehen; (3) hören … zu; (4) angeboten; (5) tapezieren; (6) verlegen; (7) gebeten; (8) übernehmen

3 2. Die Wände werden tapeziert. 3. Die Böden werden abgeklebt. 4. Die Farben werden gemischt. 5. Die Wände werden gestrichen. 6. Zum Schluss werden die Steckdosen montiert.

4 2. Ja, er ist schon angerufen worden. 3. Nein, sie sind noch nicht verschickt worden. 4. Nein, er ist noch nicht zur Reparatur gebracht worden. 5. Ja, sie ist schon geschrieben worden.

5 Der DJ ist schon beauftragt, aber die Musik muss noch ausgewählt werden.
Die Getränke sind schon bestellt, aber die Getränke / sie müssen noch im Getränkemarkt abgeholt werden.
Der Grill ist schon organisiert, aber Grillfleisch und Brot müssen noch gekauft werden.
Der Kuchen ist schon gebacken, aber die Räume müssen noch dekoriert werden.

6 5; 3; 7; 1; 4; 6; 2; X = das Ei

7 (2) d; (3) f; (4) h; (5) g; (6) a; (7) b; (8) c

8a *trennbare Verben:* <u>a</u>nsehen; <u>ei</u>nkaufen; <u>mi</u>tmachen; <u>a</u>nrufen; <u>a</u>nschalten; <u>a</u>nbringen; <u>au</u>sführen; <u>zu</u>drehen; <u>au</u>fschrauben; <u>a</u>bkleben; <u>au</u>swaschen; <u>au</u>fbauen; <u>au</u>swechseln; <u>au</u>sprobieren; <u>au</u>fräumen; <u>we</u>gbringen; <u>a</u>bwaschen; <u>vo</u>rschlagen
nicht trennbare Verben: verk<u>au</u>fen; be<u>a</u>chten; empf<u>e</u>hlen; bes<u>o</u>rgen; zerschn<u>ei</u>den; best<u>e</u>llen; verl<u>e</u>gen; verb<u>e</u>ssern; ben<u>u</u>tzen; erl<u>ei</u>chtern; verm<u>e</u>ssen; ver<u>ei</u>nfachen; bez<u>a</u>hlen; be<u>a</u>ntworten; entf<u>e</u>rnen

8b 2. Ich habe ihn gleich angerufen. 3. Der Klempner hat unsere Waschmaschine angeschlossen. 4. Er hat einen Schlauch und Dichtungen besorgt. 5. Er hat eine Dichtung ausgewechselt. 6. Er hat den Schlauch angebracht. 7. Wir haben ihn bar bezahlt.

8c 1. wiederholt; 2. unterschrieben; 3. umgebaut; 4. übernommen; 5. überlegt; 6. überzeugt; 7. wiedergekommen; 8. untergekommen; 9. umzugehen

9 1. der Baumarkt; 2. der/die Geflüchtete; 3. der Meister/die Meisterin; 4. der Ausbildungsbetrieb; 5. der Notdienst; 6. der Geldbeutel; 7. Nadel, Faden; 8. Mobbing

10 1. führt … aus; 2. vermessen; verlegen; 3. tapeziert; 4. saniert; 5. widersprochen

Grammatik wiederholen A

Reflexivpronomen – reflexive Verben
1 1. mir; 2. mich; 3. mir; 4. mich; 5. mir

2 1. Ich freue mich über meinen neuen Job.
2. Du musst dich beeilen.
3. Die Mitarbeiter wünschen sich ein gutes Betriebsklima.
4. Du musst dich für das Geschäftsessen umziehen.
5. Ihr könnt euch auf die freien Stellen bewerben.

Lokale und temporale Präpositionen
1 *Akkusativ:* bei; bis; um; durch
Dativ: ab; bei; nach; seit; zu; aus; gegenüber; von *Genitiv:* außerhalb; innerhalb; während; innerhalb
Akkusativ oder Dativ (Wechselpräpositionen): an; in; vor; zwischen; auf; hinter; neben; über; unter

2 (1) seit; (2) um; (3) nach; (4) vor; (5) zwischen; (6) bis

3 1. über; 2. Gegenüber; 3. Unter; 4. Zwischen; 5. Hinter; 6. In; 7. auf; 8. in; vor

4 **Lösungsvorschlag:** Das Auto steht in der Garage. Die Katze springt auf die Mülltonne. Der Hund schläft unter dem Baum. Die Frau hat den Topf auf den Herd gestellt. Das Fahrrad lehnt an der Hauswand. Die Blumenvase steht auf dem Fensterbrett. Der Gartenzwerg steht neben den Blumen.

Sätze verbinden: Haupt- und Nebensätze

1 2. dass; 3. Wenn; 4. weil; 5. Als; 6. Seit; 7. Obwohl

2a 2. Sie war sehr nervös, während sie auf eine Antwort gewartet hat.
3. Sie hat sich sehr gefreut, als sie zu einem Vorstellungsgespräch eingeladen wurde.
4. Sie war überglücklich, nachdem sie die Stelle bekommen hatte.
5. Janas Leben hat sich sehr verändert, seitdem sie im neuen Betrieb angefangen hat.
6. Ihre neuen Kollegen und Kolleginnen sind sehr hilfsbereit, wenn Jana Fragen hat.

2b 2. Während sie auf eine Antwort gewartet hat, war sie sehr nervös.
3. Als sie zu einem Vorstellungsgespräch eingeladen wurde, hat sie sich sehr gefreut.
4. Nachdem sie die Stelle bekommen hatte, war sie überglücklich.
5. Seitdem sie im neuen betreib angefangen hat, hat sich Janas Leben sehr verändert.
6. Wenn Jana Fragen hat, sind ihre neuen Kollegen und Kolleginnen sehr hilfsbereit.

Zweck und Ziel ausdrücken: *um zu* und *damit*

1 2a; 3g; 4f; 5d; 6e; 7h; 8b

2 Ich lerne Deutsch, …
um mit meinen Schwiegereltern Deutsch sprechen zu können.
um in Deutschland studieren zu können.
um mehr Möglichkeiten auf dem Arbeitsmarkt zu haben.
um mich einbürgern zu lassen.
um Urlaub in Deutschland zu machen.
um die B2-Prüfung zu bestehen.
um mit deutschen Geschäftskollegen zu sprechen.

3 2. Er lässt seine Bewerbung von seiner Freundin durchlesen, damit die Bewerbung keine Fehler enthält.
3. Er lässt ein Foto im Fotostudio machen, um einen professionellen Eindruck zu machen. / Er lässt ein Foto im Fotostudio machen, damit er einen professionellen Eindruck macht.
4. Er sendet seine Bewerbungsunterlagen per E-Mail, damit es schneller geht.
5. Er schickt seine Zeugnisse mit, damit sich der Arbeitgeber ein Bild von seinen Kenntnissen machen kann.
6. Sprachzertifikate sind wichtig, damit die Bewerber das Niveau ihrer Sprachkenntnisse nachweisen.

Nomen: maskulin, neutrum oder feminin?

1 2. die; 3. die; 4. der; 5. der; 6. die; 7. die; 8. das; 9. die; 10. die

2 1. die; 2. die, des; 3. die, Der, die; 4. Die, die; 5. der, Das, der, die; 6. die; 7. Die, der, die

Nomen: Endungen im Dativ und Genitiv, n-Deklination

1 2. -(e)s, -s, -en; 3. -s; 4. -(e)s, –; 5. -en; 6. -n

2 A 2. –; 3. -n; 4. –; 5. -n; 6. –; 7. –; 8. -en
B 1. –; 2. –; 3. -en; 4. -n; 5. -n; 6.–; 7. –; 8. -en; 9. -n

Kapitel 6

1 *Verkehr: der Zug, ⸚e;* die Straßenbahn, -en; der Bahnhof, ⸚e; der Stau, -s; das Taxi, -s; die Haltestelle, -n; der Wagen, -; die U-Bahn, -en; der Bus, -se; *das Auto, -s; das Fahrrad, ⸚er; das Motorrad, ⸚er*
Natur: die Wiese, -n; der Baum, ⸚e; der Wald, ⸚er; die Blume, -n; der Fluss, ⸚e; der Bach, ⸚e; das Feld, -er; das Tier, -e; das Ufer, –; der Vogel, ⸚; der Berg, -e; *der See, -n; der Park, -s; der Busch, ⸚e*
Institutionen: das Bürgeramt, ⸚er; die Grundschule, -n; das Gericht, -e; die Universität, -en; das Rathaus, ⸚er; die Polizei (Sg.); die Touristeninformation, -en; die Versicherung, -en; das Arbeitsamt, ⸚er; das Altersheim, -e; die Beratungsstelle, -n; die Sekundarschule, -n; das Gymnasium, -en; das Krankenhaus, ⸚er; die Berufsschule, -n; die Verbraucherzentrale, -n; *der Kindergarten, ⸚; die Fachhochschule, -n; die Ganztagsschule, -n*
Kultur: das Museum, -en; die Oper, -n; die Konzerthalle, -n; das Schloss, ⸚er; die Burg, -en; die Galerie, -n; das Theater, –; das Rockkonzert, -e; die Fotoausstellung, -en; das Kino, -s; *die Messehalle, -n; die Kunstausstellung, -en*

2 1. e); 2. b); 3. f); 4. c); 5. j); 6. g); 7. h); 8. d); 9. a); 10. i)

3 (2) geleistet; (3) geführt; (4) kommen; (5) genommen; (6) tragen; (7) nehme

4 (2) auf; (3) im; (4) im; (5) für; (6) durch; (7) an; (8) auf

5 3; 8; 5; *1*; 7; 4; 9; 2; 6

6a 1. -foto; 2. -lebenslauf; 3. -schein; 4. -universität; 5. -ausbildung; 6. -stelle

6b das Stellenprofil, -e; die Stellenausschreibung, -en; die Stellenanzeige, -n; das Bewerbungsschreiben, -; die Bewerbungsmappe, -n; das Bewerbungsfoto, -s; das Arbeitszeugnis, -se; die Arbeitssuche, -n; die Arbeitsstelle- n; die Seminararbeit, -en; das Seminarangebot, -e;

die Seminarausschreibung, -en; die Praktikums-
bescheinigung, -en; der Praktikumsbericht, -e;
der Praktikumsvertrag, ⸚e; *die Abschlussprüfung, -en; der Abschlussbericht, -e;*
das Abschlusszeugnis, -se

6c (1) begeistert; (2) Gehen; (3) Gespür; (4) geschickt; (5) Serviceorientierung; (6) sympathischen; (7) Auszubildende; (8) Informationen

6d 2. Mich interessiert, wie lange die Probezeit
dauert. 3. Können Sie mir sagen, ob es in Ihrem
Betrieb noch andere Auszubildende gibt? 4. Ich
würde gerne noch erfahren, wie viele Tage pro
Woche man in die Berufsschule geht. 5. Bitte
sagen Sie mir, wie lange die wöchentliche Arbeitszeit ist. 6. Bitte informieren Sie mich darüber, wie viele Urlaubstage man im Jahr hat.
7. Bitte erklären Sie mir, welche Voraussetzungen man für diese Ausbildung braucht. 8. Darf
ich Sie fragen, was man im ersten Ausbildungsjahr verdient? 9. Ist schon klar, wo die Ausbildung
stattfindet? 10. Eine wichtige Frage für mich ist,
ob man neben der Ausbildung arbeiten darf.

6e Sehr; Ihre; angesprochen; interessiere; mich; die;
mir; einem; sammelte; Erfahrungen; Gespräch;
freundlichen

7 2. kommt; 3. heißt; 4. passiert; machen; 5. teilen;
6. mitkommen; 7. führt; 8. passiert; folgen

8 2. Wir haben uns doch schon dazu entschlossen,
mit dem Bus zu fahren. 3. Mich hat niemand
darüber informiert. 4. Ich habe mich schon darum gekümmert. Ich warte darauf, dass das
Busunternehmen ein Angebot schickt. 5. Ich
freue mich darüber, das zu erfahren. Wir müssen
noch darüber diskutieren, wo wir zu Mittag
essen. 6. Ich freue mich schon sehr darauf!

9 *der Arbeitsvertrag, ⸚e: die Vereinbarung, -en;* die
Änderung, -en; die Anlage, -n; die Ausbildungsdauer (Sg.); der Kündigungsgrund, ⸚e; die Laufzeit, -en; der Vertragsbeginn (Sg.); die Voraussetzung, -en; (sich) verpflichten (zu + D.); (sich)
richten an (+ A.); betrieblich; qualifiziert
*das Studium: die Bescheinigung, -en; die Metho-
de, -n; die Semesterferien (Pl.); die Vorausset-*
zung, -en; dual; qualifiziert; überzeugt (von + D.);
vielfältig

10 (1) richtet; (2) integrieren; (3) betragen;
(4) profitieren; (5) bezweifelt; (6) verpflichtet

Kapitel 7

1a 1. die Angina; 2. die Krankenkasse;
3. die Bewegung; 4. die Stirn; 5. die Arznei;
6. die Behandlung

1b 1. Krankenpfleger; 2. Entspannung;
3. Physiotherapie; 4. Ernährungsberaterin;
5. Schnupfen; 6. Diagnose; 7. Arzthelferin;
8. Vorsorge; 9. Impfpass; 10. Rezept

2 2. Marga macht Yoga, weil sie sich entspannen
will. / …, denn sie will sich entspannen. 3. Kai
achtet auf seine Ernährung, denn er findet das
sehr wichtig. / …, weil er das sehr wichtig
findet. 4. Oliver hat Rückenschmerzen, deshalb
besucht er einen Physiotherapeuten. 5. Sara
sucht ihren Impfpass, denn sie braucht eine
Impfung. / …, weil sie eine Impfung braucht.
6. Leo spricht mit der Krankenkasse, weil er
einen Zuschuss beantragen möchte. / …, denn
er möchte einen Zuschuss beantragen.

3 (2) Viele Leute meinen zwar; (3) Einerseits;
(4) andererseits; (5) Das sehe ich ganz anders;
(6) Ich bin da geteilter Meinung; (7) Das stimmt
natürlich; (8) meiner Ansicht nach; (9) natürlich
wäre es gut

4 (1) akuten; (2) stationär; (3) Operation;
(4) Anästhesie; (5) ambulant; (6) Wunde;
(7) lagern; (8) Pflegebericht; (9) Schmerzen;
(10) Spritze

5 1. (b); 2. (b); 3. (b); 4. (a); 5. (a); 6. (b); 7. (a); 8. (b)

6 2. Ich versuche, mir einmal in der Woche Zeit für
sie zu nehmen. 3. Heute habe ich vor, ihr Blumen
mitzubringen. 4. Ich beabsichtige, gleich nach
der Arbeit hinzugehen. 5. Für Frau Laurenz ist es
sehr wichtig, sich austauschen zu können.
6. Ich bedaure, sie nicht häufiger besuchen zu
können. 7. Für meine Nachbarin ist es nicht so
angenehm, auf Hilfe angewiesen zu sein.
8. Sie freut sich schon darauf, nach ihrer Krankheit wieder selbstständig einkaufen zu können.

7a 1. dokumentieren; kontrollieren;
2. dokumentieren; kontrollieren;
3. messen; kontrollieren; dokumentieren;
4. verständigen; 5. besorgen; kontrollieren;
6. besorgen; nachreichen; kontrollieren

7b **Beispiele:** 2. Das Verhalten des Patienten wird
im Pflegebericht dokumentiert. 3. Der Blutdruck
wird von der Krankenpflegerin gemessen. 4. Die
Angehörigen werden von der Ärztin verständigt.
5. Die Arzneien werden besorgt. 6. Das Rezept
wird in der Apotheke nachgereicht.

8 1. c); 2. f); 3. a); 4. e); 5. b); 6. d)

2. Sie sollten zuerst den Arzt benachrichtigen. 3. Später können Sie den Pflegedienstleiter verständigen. 4. Besorgen Sie auf jeden Fall zuerst vom Arzt ein neues Rezept. 5. Sie müssen den Arzt darüber informieren, welche Medikamente der Patient nicht verträgt. 6. Bitten Sie im Notfall den Apotheker, Ihnen das Medikament ohne Rezept zu geben.

9 Groß- und Kleinschreibung: Z. 2: Interesse; Z. 4: Erfahrung; Z. 6: nützlich; Z. 7: ich; Z. 9: Verabredungen; Z. 13: Grüßen; Infinitiv mit *zu*: Z. 3: zu machen; Z. 5: zu ändern; Z. 8: zu ändern; Z. 10: mitzugehen

10 2. Findest du es hier zu kalt? 3. Was gibt es heute zu Essen? 4. Ich habe es eilig. 5. Es gefällt mir, ein gutes Buch zu lesen. 6. Es ärgert mich, dass du immer zu spät kommst. 7. Es freut ihn, dass du ihn besuchst. 8. Es ist schön, am Strand spazieren zu gehen.

11 1. dreht sich … um; 2. klagt über; 3. motiviert … zu; 4. fördern; 5. zu verständigen; 6. beabsichtigt

12 (1) liebevoll; (2) überlastet; (3) Durchschnittlich; (4) verwirrt; (5) nötig

Kapitel 8

1a **Lösungsvorschlag:** ein vegetarisches Curry; ein traditionelles Gericht; ein traditioneller Nachtisch; ein mildes Curry; ein milder Kaffee; ein scharfes Curry; ein scharfes Tagesgericht; ein umfangreiches Menü; eine umfangreiche Speisekarte; ein günstiges Menü; ein günstiges Tagesgericht; eine würzige Ente; ein würziger Fisch; ein leckerer Nachtisch; ein leckeres Menü; ein reichhaltiges Menü; eine reichhaltige Speisekarte; ein indisches Curry; ein indisches Restaurant; ein erstklassiges Restaurant; ein erstklassiges Ambiente; eine vegane Speisekarte; ein veganes Tagesgericht; ein frischer Nachtisch; ein frischer Fisch; eine knusprige Ente; ein knuspriger Fisch; ein süßer Duft; ein süßer Nachtisch; ein starker Duft; ein starker Kaffee; ein riesiger Hunger; eine riesige Speisekarte

1b **Beispiele:** (2) günstigen; veganen; vegetarischen; indischen; (3) erstklassigem; (4) riesige; umfangreiche (5) frisches; günstiges; (6) traditionelles; vegetarisches; veganes; indisches; (7) süßen; (8) starken; (9) riesigen

2 (2) neuen; (3) motivierten; (4) komplizierteste; (5) ganzen; (6) traditionelle; (7) geduldige;

(8) unerfahrenen; (9) süßen; (10) leckere; (11) gemeinsamen; (12) begeisterten; (13) absolute

3 Chili & Co.: *freundlicher Service*; scharfes Essen; angenehme Musik; günstige Preise
Weinbar „Vinicultura": umfangreiche Weinkarte; perfekte Beratung; entspannendes Ambiente; erstklassiger Genuss

4 (1) Leckere; (2) rote; (3) halbes; (4) kleinen; (5) mittelgroße; (6) große; (7) tiefgefrorene; (8) fertige; (9) frisches; (10) schwarzen; (11) scharfes; (12) roten; (13) scharfen; (14) kleine; (15) halbe; (16) übrige; (17) heißen; (18) gewürfelten; (19) geschnittene; (20) heiße; (21) frische; (22) schwarzen; (23) scharfen; (24) geriebener; (25) knuspriges; (26) kräftiges

5 2. das Brett, -er; 3. der Topf, ⸚e; 4. die Pfanne, -n; 5. die Pfeffermühle, -n; 6. der Kochlöffel, –; 7. die Schüssel, -n; 8. die Waage, -n

6 2. Zum Autofahren braucht man einen Führerschein. 3. Zum Malen braucht man Farbe. 4. Zum Wandern braucht man einen Rucksack. 5. Zum Schwimmen braucht man eine Badehose. 6. Zum Joggen braucht man Laufschuhe. 7. Zum Reiten braucht man ein Pferd.

7a 2. Damit er einen Platz in dem Kochkurs bekommt, muss er sich früh anmelden. 3. Damit die Kursleiterin alles in Ruhe vorbereiten kann, kommt sie eine Viertelstunde vor Kursbeginn. 4. Damit die Teilnehmenden nichts vergessen, gibt sie ihnen alle Rezepte. 5. Damit ich auch von dem Kochkurs profitiere, kocht mein Freund mit mir die Gerichte. 6. Damit meine Oma nicht so oft kochen muss, bringe ich ihr oft Essen mit.

7b 3. Um alles in Ruhe vorbereiten zu können, kommt sie eine Viertelstunde vor Kursbeginn.

8a 2. freundlich; 3. kreativ; 4. serviceorientiert; 5. engagiert; 6. belastbar; 7. die Flexibilität; 8. die Teamfähigkeit; 9. die Kraft; 10. die Geschicklichkeit

8b 1. bedienen; 2. belasten; 3. stellen; 4. kochen; 5. durchführen; 6. stressen

9a (1) Interesse; (2) Gastronomie; (3) Pfannen; (4) Filialen; (5) Kalenderwoche; (6) Bestellung; (7) Aufgaben; (8) Garantie; (9) Bemühungen; (10) Leiter

9b für; Wir; über; unseren; Lieferung; Pfannen; Durchmesser; drei; Pfannen; Durchmesser; sofort; gewähren; Ihrer; Prozent; Jahr; uns; Auftrag; Grüßen

10 *Essen ist …: geschmackvoll*; mild, scharf; vegan; würzig
das braucht man beim Kochen: der Mixer, –; die Pfanne, -n; die Schürze, -n; das Sieb, -e; der Topf, ̈e; die Waage, -n; die Zutat, -en
das macht man zum Kochen: braten; hacken; reiben; rühren; schälen
berufliche Kompetenzen: die Ausdauer, belastbar; das Durchsetzungsvermögen (Sg.); die Flexibilität (Sg.); die Geschicklichkeit (Sg.); die Sorgfalt (Sg.); die Strategie, -n; serviceorientiert; verantwortungsvoll; zuverlässig

11 1. zäh; 2. vegan; 3. Imbiss; 4. geschmackvoll; akzeptabel; 5. serviceorientiert; belastbar; kompetent; verantwortungsvoll; zuverlässig; 6. Vollständigkeit; 7. akzeptabel

Kapitel 9

1a *der Großhandel (Sg.)*; die Zielgruppe, -n; der Umweltstandard, -s; die Nachfrage, -n; die Kundenorientierung *(Sg.)*; die Servicequalität, -en; die Dienstleistung, -en; der Wechselkurs, -e; der Internetauftritt, -e; die Produktqualität, -en; die Marktlücke, -n; der Firmenstandort; -e; die Webseite, -n

1b (2) Kundenorientierung; (3) Servicequalität; (4) Webseite; (5) Nachfrage; (6) Firmenstandort; (7) Internetauftritt

2 bildlich – visuell; der Effekt – die Wirkung; die Emotion – das Gefühl; möglicherweise – potenziell; provozieren – hervorrufen; senkrecht – vertikal

3 gee**hr**te; **mit**; Inte**re**sse; **ich**; **Art**ikel; **Hand**el; **Netz**; **dem**; **unter**; **über**; **Zu**wachs; Online**h**andel; **Eine**; **Mel**dung; **ich**; **Auch**; **und**; wer**den**; **häufig**er; ge**kauft**; **frage**; **Muss**; **sein**; **ist**; prak**tisch**; **man**; **ins**; ge**lie**fert; **aber**; **steigt**; **Ant**eil; Verpa**ck**ungen; Haus**halt**; **stark**; **Ist**; **gut**; **unsere**; **Ich**; ver**stehen**; **man**; **eine**; **andere**; **kauft**; **man**; so**nst**; **nicht**; **oder**; **dort**; gün**stig**er; **Aber**; **des**; Be**darfs**; **hört**; **mir**; Ver**stä**ndnis; **Mit**; **Gr**üßen

4 2. Das Angebot ist manchmal auch größer, deshalb hat der Online-Handel Vorteile. 3. Ihre Nachbarin nimmt die Ware an, wenn Aylin nicht zu Hause ist. 4. Die Firmen gestalten ihren Internetauftritt interessant, damit sie Kunden anziehen. 5. Sie verschicken Newsletter, um auf neue Produkte aufmerksam zu machen. 6. Lino kauft manchmal online ein, obwohl er lieber persönlich in die Geschäfte geht. 7. Seine Frau kauft lieber im Internet ein, da sie wenig

Zeit hat. 8. Sie schickt die Ware wieder zurück, falls sie Ihr nicht gefällt.

5a 1. d); 2. f); 3. b); 4. a); 5. e); 6. c)

5b 2. ohne … zu; 3. ohne dass; 4. indem; 5. ohne dass; 6. ohne … zu

6 2. ausfüllen; 3. beheben; 4. schreiben; 5. halten; 6. auspacken; 7. erstellen; 8. lösen; 9. begleichen; 10. überarbeiten

7a 2. auslaufend, ausgelaufen; 3. beauftragend, beauftragt; 4. benötigend, benötigt; 5. erledigend, erledigt; 6. geltend, gegolten; 7. habend, gehabt; 8. installierend, installiert; 9. korrigierend, korrigiert; 10. transportierend, transportiert; 11. überarbeitend, überarbeitet

7b (2) geltenden; (3) überarbeitete; (4) korrigierte; (5) verbesserten; (6) beauftragte; (7) auslaufende; (8) transportierten; (9) Dienst habenden; (10) benötigte; (11) auftretenden

8 2. gegeneinander; 3. voneinander; 4. miteinander; 5. übereinander; 6. voneinander; 7. einander; 8. zueinander

9 1. jmd. auffordern; 2. die Besprechung; 3. bestätigen; 4. der Entwurf; 5. der Export; 6. die Produktion; 7. recherchieren; 8. überarbeiten

10 2. berücksichtigen, ablehnen, kommentieren; 3. ausliefern; 4. bestätigen, kommentieren, überarbeiten; 5. ablehnen, berücksichtigen, kommentieren, provozieren, schätzen; 6. installieren; 7. anpassen (an + A.); montieren

Kapitel 10

1 1. Stunden; 2. Kernarbeitszeit; Uhr; 3. Urlaub, Arbeitstage; 4. verdiene, Euro; 5. Gehalt, Netto; 6. krank, Arzt

2 2. Urlaub; 3. Probezeit; 4. Arbeitszeit; 5. verdienen; 6. Bruttolohn; 7. Überstunden; 8. Tarifvertrag; 9. Betriebsrat; 10. Nebentätigkeit; 11. Gehalt; 12. Kündigung

3 2. beträgt; 3. eingestellt; 4. bewahren; 5. mitgeteilt; 6. vorgelegt; 7. ordnet … an; 8. stimmen … ab

4 2. Trotz der vielen Arbeit; 3. innerhalb von 2 Wochen; 4. wegen des Materialmangels; 5. Anlässlich des 60-jährigen Jubiläums; 6. außerhalb des Gebäudes; 7. wegen des Feiertags; 8. aufgrund ihrer Arbeitsbelastung; 9. Statt einer Bezahlung

5 2. Anlässlich des Geburtstags vom Chef gibt es eine Firmenfeier. 3. Außerhalb der Arbeitszeit darf ich machen, was ich will. 4. Innerhalb des Betriebs ist politische Werbung verboten. 5. Statt der Frühschicht mache ich jetzt die Spätschicht. 6. Trotz des engen Zeitplans haben wir alle Aufträge ausgeführt. 7. Wegen der hohen Transportkosten steigen die Preise. 8. Wegen der steigenden Preise können die Leute weniger kaufen. 9. Während des Urlaubs muss man keine Arbeitsaufträge annehmen. 10. Aufgrund unserer guten Auftragslage haben wir zehn neue Mitarbeiter/innen eingestellt.

6 2. beenden, beginnen; 3. vorliegen, da sein; 4. verpassen, einhalten; 5. finden, diskutieren; 6. führen, beitragen; 7. treten, sein; 8. erscheinen, kommen

7a immer mit Akkusativ: bis, durch, für, gegen, ohne, um
immer mit Dativ: aus, bei, mit, nach, seit, von, zu
mit Akkusativ oder Dativ: an, auf, hinter, in, neben, über, unter, vor, zwischen
mit Genitiv: anlässlich, aufgrund, außerhalb, innerhalb, statt, trotz, während, wegen (trotz, während und wegen mündlich manchmal auch mit Dativ!)

7b 1. der; 2. ihrem; 3. der; 4. dem; 5. den; 6. des; 7. meinem; 8. der; 9. die; 10. dem; 11. dem; 12. die

8 2. a; 3. g; 4. h; 5. b; 6. d; 7. c; 8. f

9 2. Teilzeit; 3. Arbeitnehmerin; 4. jemanden einstellen; 5. außerhalb; 6. brutto

10 2. einstellen; 3. kündigen; 4. entlassen; 5. mobben; 6. anordnen; 7. absprechen, 8. abstimmen; 9. regeln

Grammatik wiederholen B

Fragen und indirekte Fragesätze: Fragen wiedergeben, höflicher fragen

1 2. Was; 3. Wer; 4. welche; 5. Hat; 6. Ist; 7. Was

2 2. …, was da wohl drin ist. 3. …, wer die Kisten geliefert hat. 4. …, für welche Abteilung die Ware bestimmt war/ist. 5. …, ob die Importabteilung das bestellt hat. 6. …, ob die Ware schon bezahlt worden ist. 7. …, was wir jetzt damit machen sollen.

3 Beispiele: 1. Können Sie mir bitte sagen, warum der Auftrag noch nicht bearbeitet worden ist? 2. Ich würde gerne wissen, an wen ich mich mit dieser Frage wenden kann. 3. Können Sie mir vielleicht sagen, wo ich den zuständigen Mitarbeiter finde? 4. Kann ich Sie fragen, ob das die neueste Version des Programms ist? 5. Können Sie mir Auskunft darüber geben, ob ich die Reklamation auch telefonisch erledigen kann?

Zweiteilige Konnektoren

1 1. b); 2. e); 3. d); 4. c); 5. a)

2 1. nicht nur …, sondern auch; sowohl … als auch; 2. entweder … oder; 3. weder … noch; 4. zwar …, aber

3 1. weder … noch; 2. sowohl … als auch; 3. weder … noch; 4. Entweder … oder; 5. zwar … aber

4 1. … gut organisieren können. 2. Zwar muss man manchmal viele Überstunden machen, aber man kann auch viel Geld verdienen. 3. Ich muss nicht nur flexibel sein, sondern ich muss auch gut mit Menschen umgehen können.
4. Entweder ich begleite Reisen ins Ausland oder ich biete Führungen im Inland an.
5. Ich beherrsche viele Sprachen. Aber leider spreche ich weder Chinesisch noch Japanisch.

Relativsätze

1 1. …, der nur einmal wöchentlich besucht werden muss; den Sie zum Arzt begleiten müssen; dem Sie neue Tabletten bringen müssen. 2. …, die eine Allergie hat; die Sie vor Ihrem Besuch anrufen sollten; der Sie beim Anziehen helfen müssen. 3. …, das seit Wochen mit Magenproblemen im Krankenhaus ist; dem du beim Essen helfen solltest; dem du gerne eine Gute-Nacht-Geschichte vorlesen kannst. 4. …, die sich beim Skifahren verletzt haben; die du nicht nach dem Unfall fragen solltest; denen du die Verbände wechseln musst.

Relativsätze mit Präpositionen und Relativsätzen mit *wo*

1 1. von der; 2. auf die; 3. für das; 4. bei der; 5. auf das; 6. auf die; 7. für die; 8. von der

2 1. in der; 2. in dem; 3. in das; 4. in der; 5. um den; 6. auf der; 7. auf dem; 8. in dem

3 2, 4, 6, 7, 8

Konnektoren: Gründe und „Gegengründe" ausdrücken

1 1. c); 2. g); 3. e); 4. a); 5. h); 6. b); 7. d); 8. f)

2 1. trotzdem; deshalb; denn
2. weil; obwohl

3 2. Die gelieferten Tomaten waren nicht reif, obwohl der Koch reife Tomaten bestellt hatte. Der Koch hatte reife Tomaten bestellt, trotzdem waren die gelieferten Tomaten nicht reif. 3. Die Gäste waren zufrieden mit dem Restaurant, obwohl sie lange auf ihr Essen warten mussten. Sie mussten lange auf ihr Essen warten, trotzdem waren die Gäste zufrieden mit dem Restaurant.

4 2. Der Beruf ist attraktiv, denn er ist vielseitig und kreativ. 3. Das Restaurant findet keine Bedienungen, obwohl es viele Stellenangebote veröffentlicht hat. 4. Die Kellnerin hat einen langen Arbeitstag, trotzdem bleibt sie immer freundlich. 5. Der Küchenchef begrüßt seine Gäste, weil er den Kontakt zu den Gästen schätzt.

Verben mit Präpositionen und Nebensatz

1 2. daran; 3. darauf; 4. darauf; 5. dafür; 6. darüber; 7. darum; 8. dafür

2 2. Er interessiert sich dafür, verschiedene Arbeitsbereiche kennenzulernen. 3. Er träumt davon, mit Gästen aus der ganzen Welt zu sprechen. 4. Er denkt daran, noch besser Englisch zu lernen. 5. Er hofft darauf, später in dem Hotel Karriere zu machen.

3 2. Sie glaubt nicht daran 3. Sie spricht darüber 4. Aber sie freut sich darüber

Kapitel 11

1 (1) hochgefahren; (2) erschien; (3) geöffnet; (4) ausgeschaltet; (5) poste; (6) benutze; (7) skypen; (8) geschickt; (9) löschen; (10) lade … herunter

2 (1) h); (2) a); (3) c); (4) f); (5) n); (6) e); (7) d); (8) o); (9) k); (10) i)

3 2. Sie liebt sowohl Technik als auch Mode. 3. Sie verdient zurzeit gut, deshalb muss sie nicht sparsam sein. 4. Ihr Freund ist ein bisschen neidisch, weil er sich nicht so viel leisten kann. 5. Er möchte sie gerne zum Essen einladen, aber er hat nicht genug Geld. 6. Er ist selbstständig, seitdem seine alte Firma Pleite gemacht hat. 7. Er schreibt jetzt nicht nur Sicherheitssoftware, sondern er gibt auch Seminare. 8. Er bekommt immer mehr Kunden, daher hofft er, bald wieder gut verdienen zu können. 9. Die beiden haben keinen Urlaub gemacht, seitdem er sich selbstständig gemacht hat. 10. Im nächsten Jahr wollen sie wegfahren, wenn sein Geschäft gut läuft.

4 Beispiele: Je besser man die Kunden berät, desto mehr Kunden gewinnt man. Je häufiger man sich fortbildet, umso bessere Chancen hat man auf dem Arbeitsmarkt. Je bessere Produkte man hat, desto erfolgreicher ist man. Je mehr man im Internet surft, desto fitter ist man.

5 2. ein Viertel, 3. etwas mehr als ein Drittel; 4. die Hälfte; 5. mehr als die Hälfte; 6. ungefähr zwei Drittel; 7. knapp drei Viertel; 8. drei Viertel; 9. 95%; 10. alle

6a geehrte; Dank; Ihr; vom; Sie; die; etwas; hat; Schreiben; wegen; und; einige; liegen; sind; der; Ansprechpartner; haben; Staubsauger; nicht; uns; bei; Firma; gekauft; Gründen; müssen; über; Verkäufer; uns; Wir; dann; wir; Gerät; können; das; der; sein; Sie; uns; möchte; noch; für; entstandenen; entschuldigen; hoffe; wir; Problem; schnell; möglich; der; Mit; Grüßen

6b 1. zurücksenden; 2. beheben; 3. umzutauschen; 4. dauert; 5. brauche

7a 1. verlieren; 2. nehmen; 3. führen; 4. treffen; 5. treffen; 6. ziehen; 7. nehmen; 8. nehmen; 9. bringen; 10. treten; 11. treten; 12. kommen; 13. finden; 14. geben; 15. setzen; 16. leisten

7b 2. in Erfahrung bringen, in Betracht ziehen; 3. in Betrieb nehmen; 4. in Kontakt treten; 5. eine Entscheidung treffen; 6. aus den Augen verlieren; 7. setze … in Verbindung; 8. ein Gespräch … führen; eine Entscheidung treffen; Rückmeldung geben; 9. setzen … sich … in Verbindung; 10. in Streik treten

8 die Initiativ-Bewerbung; das Business-Netzwerk; der Personalbedarf; das Suchergebnis; der Headhunter; das Stellenangebot; der Insider-Tipp; der Traumjob

9 1. Initiativ-Bewerbung; 2. Voraussetzung; 3. Kostenvoranschlag; 4. Aufwand; 5. Netzwerke; 6. Umtausch

10 1. bestätigen; 2. habe … veröffentlicht; 3. optimieren; 4. hat … vibriert; 5. benachrichtigen; 6. haben … vernetzt

Kapitel 12

1a 2. der Konflikt; 3. der Krieg; 4. die Vielfalt; 5. die Identität; 6. die Armut; 7. der Klimawandel; 8. die Verständigung; 9. der Austausch; 10. die Trennung; 11. der Import; 12. der Rassismus; 13. das Risiko; 14. die Tradition; 15. die Kultur; 16. der Handel

1b 2. die Armut; 3. der Import; 4. die Trennung; 5. die Kultur; 6. der Krieg

1c 1. Beziehung; 2. Austausch; 3. Risiken; 4. Identität; 5. Kultur; 6. Handel; 7. Klimawandel

2a *Hauptsatz + Konnektor + Hauptsatz (Konnektor = Position 1: trotzdem; darum; deswegen)*
Hauptsatz + Konnektor + Nebensatz: obwohl; dass; wenn; solange; damit; seit; als; weil

2b 2. Ich habe einen guten Kontakt zu den Kolleginnen und Kollegen, deswegen (fühle) ich mich (wohl). 3. Ich lebe gerne in Deutschland, obwohl mir das Essen hier nicht so gut (schmeckt). 4. Jetzt bin ich schon über drei Jahre hier, trotzdem (habe) ich oft Sehnsucht nach meiner Heimat. 5. In der Firma engagiere ich mich sehr, damit ich schnell Karriere (mache). 6. Wir haben unser erstes Kind bekommen, darum (brauchen) wir eine größere Wohnung.

3a 1. folglich/infolgedessen/deshalb; 2. sodass

3b **Lösungsvorschlag:** 2. Vielen Betrieben fehlt Personal, infolgedessen müssen sie sich intensiv um Azubis bemühen. 3. Die erste Zeit im Ausland stellt eine besondere Herausforderung dar, deshalb ist man dankbar für Unterstützung. 4. Ein duales Studium ist sehr intensiv, folglich hat man wenig Freizeit. 5. Aber der Vorteil ist: Man wird gleichzeitig praktisch und theoretisch ausgebildet, sodass man gute Chancen hat, schnell eine feste Stelle zu finden.

4 geeh**r**ter; Mail; ich; sof**o**rt; die; uns**e**rer; zustän-**dig**; Ich; etwas; über; Informa**t**ion; unse**r**em; Ges**p**räch; ich; Eind**r**uck; ich; wie; die; küm**m**ern; Des**h**alb; ich; einen; bit**t**en; wir; sch**n**ell; kön**n**en; freund**lich**en

5a (1) zu; (2) über; (3) von; (4) bei; (5) auf; für; um; (6) auf; (7) Für; (8) auf; (9) für; auf; (10) an; (11) in; bei; (12) an; (13) von

5b (1) Gespräch über; (2) sich für … bedankt; (3) über … mich … gefreut; (4) über … informiert; (5) für … zuständig; (6) mich auf … vorzubereiten; (7) ärgerlich über

6 1. c); 2. a); 3. i); 4. e); 5. j); 6. h); 7. g); 8. d); 9. f); 10. b)

7 Präpositionen: Z. 2: mit großem Interesse; Z. 3 f.: in Deutschland arbeitet; Z. 5 f.: in meinem Heimatland Rumänien; Z. 10: In meiner Ehe
Rechtschreibung: Z. 3: viele Paare; Z. 8: außerdem; Z. 10: dass
Wortstellung: Z. 4: Sie haben recht; Z. 7: finde ich persönlich, Z. 13: sehr glücklich bin

8 1. die Verständigung; 2. belastend; belasten; 3. die Zerstörung; zerstören; 4. das Risiko; riskieren; 5. die Improvisation; improvisieren; 6. der Ärger; ärgerlich; 7. die Scheu; (sich) (nicht) scheuen

9 1. verständlich; scheuen; 2. riskant; 3. zerstören; 4. improvisiert; ärgerlich

Kapitel 13

1a B2-Prüfung, Schicht, Startup, Familienbetrieb, Elternzeit, Konflikt, Karriere, Weiterbildung, Arbeitszeit, Betriebskindergarten, Mutterschutz, Kundenbeschwerde, Deutschkurs, Aufstiegsmöglichkeit, Ausbildungsplatz

1b 2. B2-Prüfung; 3. Ausbildungsplatz; 4. Schicht; 5. Familienbetrieb; 6. Konflikte; 7. Kundenbeschwerden; 8. Karriere; 9. Aufstiegsmöglichkeiten; 10. Weiterbildung; 11. Startup; 12. Mutterschutz; 13. Elternzeit

2 (2) Ja, du hast ja recht.; (3) Und was hältst du davon; (4) wäre es keine schlechte Idee; (5) Na gut, wenn es sein muss.; (6) Ja, klar, mach das!; (7) Und dann könnten; (8) Erinnerst du dich noch

3 1. miteinander; 2. zueinander; 3. voreinander; 4. voneinander; gegeneinander; 5. füreinander; 6. nacheinander; ineinander; 7. aufeinander

4 2. Wenn Regula sich fortbilden würde, bekäme sie interessantere Aufgaben. Wenn Regula sich fortgebildet hätte, hätte sie interessantere Aufgaben bekommen. 3. Wenn du mir helfen würdest, wären wir schneller fertig. Wenn du mir geholfen hättest, wären wir schneller fertig geworden. 4. Wenn mein Chef mich dauernd kritisieren würde, würde ich kündigen. Wenn mein Chef mich dauernd kritisiert hätte, hätte ich gekündigt. 5. Wenn die Firma mich nehmen würde, wäre ich total glücklich. Wenn die Firma mich genommen hätte, wäre ich total glücklich gewesen. 6. Wenn seine Frau viel Geld verdienen würde, könnte er sich selbstständig machen. Wenn seine Frau viel Geld verdient hätte, hätte er sich selbstständig machen können.
7. Wenn ihr Mann sie unterstützen würde, könnte Antonia Karriere machen. Wenn ihr Mann sie unterstützt hätte, hätte Antonia Karriere machen können. 8. Wenn unsere Beziehung gut funktionieren würde, könnten wir alle Probleme gemeinsam lösen. Wenn unsere Beziehung gut funktioniert hätte, hätten wir unsere Probleme gemeinsam lösen können.

5a 2. Die Frau, die auf dem Foto ist, ist meine Kollegin. 3. Der Kunde, der mich gerade angerufen hat, will sich mit mir treffen. 4. Die Bilder, die in unserem Büro hängen, finde ich furchtbar hässlich.

5b 1. Das Kind, das du auf dem Foto siehst, bin ich. 2. Die Liebesbriefe, die ich weggeworfen habe, waren von meiner Ex-Freundin. 3. Der Krimi, den ich mir im Fernsehen ansehen will, soll sehr spannend sein. 4. Die Familie, die wir im Urlaub kennengelernt haben, wird uns im Juni besuchen.

5c 1. die; 2. der; 3. dem; 4. die; 5. das; 6. den; 7. dem; 8. der

6 2. Mein Onkel, dessen Frau Karriere macht, ist sehr glücklich als Hausmann. 3. Das Problem, dessen Lösung nicht in Sicht ist, macht mich krank. 4. Meine Freundin, über deren Mann wir gesprochen haben, hat sich scheiden lassen. 5. Unsere Wochenendbeziehung, deren Scheitern vorprogrammiert war, ist jetzt vorbei. 6. Mein Chef, dessen Führungsstil unmöglich war, ist entlassen worden. 7. Das Theaterstück, dessen Autor ich kenne, wird im Stadttheater aufgeführt. 8. Unsere Eltern, um deren Garten wir uns jetzt kümmern, haben uns früher auch viel geholfen.

7 Beispiele: 1. Ich wünsche mir einen Partner, der liebevoll ist. 2. Ich wünsche mir einen Partner, der attraktiv und sportlich ist. 3. Ich wünsche mir einen Partner, mit dem ich reisen kann. 4. Ich wünsche mir eine Partnerin, der ich vertrauen kann. 5. ich wünsche mir eine Partnerin, mit der ich viel zusammen machen kann. 6. Ich wünsche mir eine Partnerin, die zärtlich ist.

8 der Kompromiss; der Druck; die Eifersucht; der Konflikt; die Scheidung; der Meinungsunterschied; das Ereignis

9 1. die Rückfragen; 2. dem Konflikt; 3. Wirkungen; 4. die Eifersucht; 5. die Zärtlichkeit; 6. jemandem etwas in die Schuhe

Kapitel 14

1 1. Kindergarten; 2. Grundschule; 3. Master; 4. Stipendium; 5. Berufsschule; 6. Abendgymnasium; 7. Studiengebühren; 8. Kursteilnehmer

2 1. kann; 2. Wissen; 3. kenne, weiß; 4. Können; 5. kenne, kann; 6. konnte, wusste; 7. kenne, kann; 8. Weißt

3 1. b); 2. a); 3. e); 4. g); 5. d); 6. c); 7. f)

4 1. netten, hilfsbereite; 2. mobilen; 3. intoleranter, kollegiale; 4. mutige; 5. kämpferischen, neue; 6. andauernden; 7. diszipliniertes; 8. ungewöhnlichen

5a Aber erst jetzt, nachdem er in Rente sei, habe er Zeit für dieses Hobby, … Es mache ihm viel Spaß, die Stücke zu proben. Solange er es könne, wolle er sein Hobby ausüben, … Trotzdem sei es für ihn eine besondere Herausforderung, auf der Bühne zu stehen, …

5b Aber erst jetzt, nachdem ich in Rente bin, habe ich Zeit für dieses Hobby. … Es macht mir viel Spaß, die Stücke zu proben. Solange ich es kann, will ich mein Hobby ausüben. … Trotzdem ist es für mich eine besondere Herausforderung, auf der Bühne zu stehen.

6 2. anfangen; 3. ähnlich sein; 4. bekommen; 5. unterstützen; 6. genehmigen; 7. belegen; 8. mehr sein

7 geehrte; Herren; Internet; ich; Ihre; Bereich; aufmerksam; und; gerne; Informationen; das; Umweltmanagement; Technik; Welche; Schwerpunkte; diesem; eine; des; jederzeit; Besteht; Möglichkeit; Stipendium; bekommen; senden; mir; Mit; Grüßen

8 (2) gezeigt; (3) spielen; (4) Lernblockaden; (5) fördern; (6) steigern; (7) Lernumgebung; (8) erreicht; (9) Pause; (10) Weiterbildung; (11) Lernstoff; (12) Anspannung; (13) konzentrierter

9 2. Du wärst glücklich hier, wenn die Sonne scheinen würde. 3. Könnte meine Kollegin Sie morgen anrufen? 4. Wir müssten für den Test lernen. 5. Ihr hättet noch viel Zeit, wenn ihr den Zug nehmen würdet. 6. Du solltest das Auto kaufen.

10a 1. b) …, als wenn sie vorher noch ganz viel erledigen müsste. 2. a) …, als könnte sich nicht konzentrieren. b) …, als ob ihr Kopf leer wäre. 3. a) …, als ob die Zeit nicht vergehen würde. b) …, als wenn Tage Jahre wären.

10b 2. Ich fühle mich so, als wenn ich eine Erkältung bekommen würde. 3. Meine Kollegin wirkt so, als hätte sie ein Problem. 4. Zuerst sah so aus, als ob die Mannschaft das Spiel gewinnen könnte. 5. Er fühlt sich so, als wenn er im Lotto gewinnen würde. 6. Sie wirkt so, als wäre sie 10 Jahre jünger. 7. Es scheint so, als ob wir schnell eine Entscheidung treffen müssten. 8. Wir haben das Gefühl, als würden wir uns schon immer kennen.

11 1. beantragen; 2. die Anreise; 3. blockieren;
4. einschränken; 5. forschen; 6. nachweisen;
7. die Umschulung; 10. die Weiterbildung

12 1. Unterstützung; 2. Durchhaltevermögen;
3. Anmeldeschluss; 4. Stipendium; 5. Umschulung

Grammatik wiederholen C

Negationswörter

1 2. nichts; 3. niemand; 4. nie/niemals;
5. nirgends/nirgendwo

2 (1) nicht; (2) keine; (3) nicht; (4) nicht; (5) keine;
(6) nicht; (7) keine

3 (1) nichts; (2) nirgends; nirgendwo; nicht;
(3) niemanden; keinen; (4) nie

Indefinitartikel und Indefinitpronomen

1 viele, einige, manche, wenige

2 **Lösungsvorschlag:** Die Hälfte meiner Freunde
wohnt in einer Wohnung. Niemand hat eine
Katze, aber die meisten haben einen Hund. Alle
essen gerne Eis. Wenige meiner Arbeitskollegen
können Spanisch. Viele meiner Kollegen waren
schon mal in Italien. Manchen gehen nach der
Arbeit noch ins Fitnessstudio.

Angaben im Satz

1 1. Heutzutage arbeiten viele Menschen aufgrund
der Globalisierung im Ausland. 2. Wegen einer
Dienstreise war mein Kollege gestern nicht in
der Firma. 3. In vielen Firmen spricht man seit
einiger Zeit wegen der Globalisierung Englisch.
4. Trotz des Fachkräftemangels wirbt Deutschland noch nicht intensiv genug um qualifizierte
Fachkräfte.

2 1. Er ist vor kurzem wegen eines interessanten
Stellenangebots spontan nach Deutschland
gezogen. 2. Er arbeitet wegen der interessanten
Aufgaben mit Begeisterung an seinem neuen
Projekt. Er hat früher intensiv in Brasilien ein
ähnliches Projekt betreut. Er fühlt sich wegen
des guten Arbeitsklimas in der neuen Firma
wohl.

3 1. Meine Eltern feiern nächstes Jahr wegen ihrer
silbernen Hochzeit in Mainz ein großes Fest.
2. Mein Partner hat nach der Elternzeit überraschend eine interessante Stelle in seiner Firma
bekommen. 3. Sie hat gleich nach dem Studium
trotz des hohen Risikos eine Firma in Berlin
gegründet.

Passiv

1 2. Die Kunden werden beraten. 3. Die Ware wird
ausgepackt. 4. Die Waren werden einsortiert.
5. Der Dienstplan wird besprochen. 6. Die Rechnungen werden geschrieben.

2 2. Neue Waren wurden bestellt. 3. Neue Scannerkassen wurden aufgebaut. 4. Die Computerabteilung wurde vergrößert. 5. Die Fotoabteilung
wurde geschlossen. 6. Ein Café wurde eröffnet.

3 2. Das Bad ist renoviert worden. 3. Die Wände
sind gestrichen worden. 4. Die Küche ist einge-
baut worden. 5. Die elektrischen Geräte sind
installiert worden. 6. Die ganze Wohnung ist
sauber gemacht worden.

4 2. Die Büros sind von der Innenarchitektin neu
gestaltet worden. 3. Die Wände sind von den
Malern gestrichen worden. 4. Das Netzwerk ist
von der Netzwerktechnikerin installiert worden.
5. Die Büromöbel sind vom Schreiner gebaut
worden.

5 1. Das Frühstück muss vorbereitet werden. 2. Die
Tische müssen gedeckt werden. 3. Das Früh-
stücksbuffet muss aufgebaut werden. 4. Die
Rechnungen müssen ausgedruckt werden. 5. Die
Gäste müssen verabschiedet werden.

6 Die Küche ist aufgeräumt. Die Stühle sind hoch-
gestellt. Der Fußboden ist geputzt. Die Abrechnungen sind gemacht. Das Trinkgeld ist aufge-
teilt.

Konjunktiv II (Vergangenheit)

1 2. Er hätte am Montag gerne seine Freundin
getroffen, aber sie hatte keine Zeit. 3. Lucian
hätte gerne eine Weiterbildung gemacht, aber
seine Chefin hat ihm nicht freigegeben. 4. Mein
Bruder hätte gerne ein neues Handy gekauft,
aber er hatte nicht genug Geld. 5. Tania wäre
gerne ins Ausland gegangen, aber dann hat sie
sich hier verliebt.

2 1. Wenn es nicht geregnet hätte, hätte ich am
Sonntag einen Ausflug gemacht. Ich hätte am
Sonntag einen Ausflug gemacht, wenn es nicht
geregnet hätte. 2. Wenn sie Zeit gehabt hätte,
hätte er am Montag gerne seine Freundin
getroffen. Er hätte am Montag gerne seine
Freundin getroffen, wenn sie Zeit gehabt hätte.
3. Wenn seine Chefin ihm freigegeben hätte,
hätte Lucian gerne eine Weiterbildung gemacht.
Lucian hätte gerne eine Weiterbildung gemacht,
wenn seine Chefin ihm freigegeben hätte.

4. Wenn er genug Geld gehabt hätte, hätte mein Bruder gerne ein neues Handy gekauft. Mein Bruder hätte gerne ein neues Handy gekauft, wenn er genug Geld gehabt hätte. 5. Wenn sie sich nicht verliebt hätte, wäre Tania gerne ins Ausland gegangen. Tania wäre gerne ins Ausland gegangen, wenn sie sich nicht verliebt hätte.

3 1. An deiner Stelle hätte ich einen Schirm mitgenommen. 2. Ich hätte ihr einen anderen Termin vorgeschlagen. 3. Er hätte der Chefin klarmachen sollen, wie wichtig die Weiterbildung ist. 4. An seiner Stelle hätte ich ein günstiges Modell genommen. 5. Sie hätte eine Fernbeziehung in Kauf nehmen können.

Hauptsatz-Konnektoren

1 2. aus diesem Grund; 3. denn; 4. daher; 5. sondern; 6. trotzdem

2 1. Ich möchte studieren, aber davor muss ich eine Sprachprüfung bestehen. 2. Meine Freundin geht ein Jahr nach England oder sie fängt in Leipzig eine Ausbildung an. 3. Mein Onkel hat nicht studiert, denn er musste gleich nach der Schule Geld verdienen. Mein Onkel hat nicht studiert, sondern er musste gleich nach der Schule Geld verdienen. 4. Er hat das Geld gebraucht, denn er musste für seine Familie sorgen. 5. Er hat auf dem zweiten Bildungsweg das Abitur nachgemacht und jetzt studiert er.

3 Beispiele: 1. Mir hat es in Frankfurt so gut gefallen, deshalb lebe ich jetzt hier. 2. Am Anfang hatte ich Schwierigkeiten mit der deutschen Sprache, aber jetzt kann ich fast alles verstehen. 3. Zurzeit lerne ich Deutsch, denn ich möchte in Deutschland studieren. 4. Ich habe nicht viel Zeit zum Lernen, trotzdem schreibe ich gute Noten und meine Lehrerin ist mit mir zufrieden. 5. Die Sprache ist wichtig, um hier richtig anzukommen, aus diesem Grund habe ich mich zu einem Sprachkurs angemeldet.

Quellen

S. 36   Getty Images München (Wavebreakmedia Ltd)

S. 38   Getty Images München (Compassionate Eye Foundation / James Tse)

S. 40   Shutterstock (Rolf G Wackenberg); Shutterstock (YP23); Shutterstock (g215); Shutterstock
         (Ints Vikmanis); Lutz Rohrmann

S. 41   Shutterstock (Gokula Englberger)

S. 42   Shutterstock (Olena Yakobchuk)

S. 47   Shutterstock (Jacob Lund)

S. 48   Shutterstock (CREATISTA)

S. 52   Hermann Dörre, München

S. 53   oben: Shutterstock (Nik Stock); Shutterstock (Oleksandr Rybitskiy); Shutterstock (sylv1rob1); Shutterstock (Dmitri
         Gristsenko); unten: 1. Shutterstock (iMoved Studio); 2. Shutterstock (Valeriy Evlakhov); 3. Shutterstock (AlenKadr);
         4. Shutterstock (KKulikov); 5. Shutterstock (5ociq); 6. Shutterstock (Chimpinski); 7. Shutterstock (nortongo);
         8. Shutterstock (Fedorov Ivan Sergeevich)

S. 54   Shutterstock (goodluz)

S. 58   Shutterstock (mubus7)

S. 59   Shutterstock (isabel engelmann)

S. 60   Shutterstock (Hadrian)

S. 64   Getty Images München (Erik Von Weber)

S. 66   Getty Images München (w-ings)

S. 67   Getty Images München (Marko Geber)

S. 69   Getty Images München (kali9)

S. 72   Shutterstock (Ruslan Guzov); Shutterstock (vadimmva); Shutterstock (Miriam Doerr, Martin Frommherz)

S. 73   Shutterstock (Andreas Zerndl)

S. 77   Shutterstock (ImageFlow)

S. 78   oben: Shutterstock (bbgreg); unten: Shutterstock (spe)

S. 82   Shutterstock (Andrey_Popov)

S. 84   Shutterstock (David Tadevosian)

S. 85   Shutterstock (ArtFamily)

S. 88   Getty Images München (10.000 Hours)

S. 89   Hermann Dörre, München

S. 90   Shutterstock (Dragon Images)

S. 91   oben: Shutterstock (WAYHOME studio); Shutterstock (mimagephotography); Shutterstock (ESB Professional);
         unten: Shutterstock (Djomas); Shutterstock (Nadino); Shutterstock (kurhan)

S. 94   Hermann Dörre, München

S. 95   Shutterstock (Straight 8 Photography)

S. 96   oben: Shutterstock (phoelixDE); unten: Shutterstock (Konstantin Chagin)

S. 97   1. Shutterstock (Cookie Studio); 2. Shutterstock (Borysevych.com); 3. Shutterstock (tommaso79)

S. 102   Getty Images München (Alistair Berg)

S. 104   Shutterstock (Kichigin)